dtv

Den inneren Schweinehund, der für bewusste Widerstände steht, kennt jeder. Weitgehend unbekannt dagegen ist der kleine Saboteur in uns. Dabei ist er viel gefährlicher. Er ist nämlich für die unbewussten Widerstände verantwortlich und tritt immer dann in Erscheinung, wenn in unserem Leben etwas schiefläuft. Das können alltägliche Versäumnisse und Fehlleistungen sein oder auch die großen Lebenspläne. Es ist, als ob fremde Kräfte in uns wirken, die uns daran hindern, das Leben zu führen, das wir eigentlich wollen. In Wahrheit steckt der kleine Saboteur dahinter. Er operiert im Verborgenen. Mit erhobenem Zeigefinger treibt er uns in die Überforderung oder bremst uns aus. Warum tut er das? Dieser Frage wird hier nachgespürt. Fest steht: Je besser wir unseren persönlichen Untergrundkämpfer kennen, desto erfolgreicher können wir mit ihm verhandeln, seine Sabotageakte minimieren und überholte Glaubenssätze über Bord werfen.

Dr. Michaela Muthig, Jahrgang 1977, Fachärztin für Allgemeinmedizin, Psychosomatische Medizin und Psychotherapie (mit Schwerpunkt Verhaltenstherapie), hatte bis März 2019 an der Universitätsklinik Tübingen die oberärztliche Leitung der psychosomatischen Tagesklinik inne. Seit April 2019 bietet sie Online-Kurse zum Thema Selbstsabotage an: www.coaching-azur.de

Michaela Muthig

DER KLEINE SABOTEUR IN UNS

**Unbewusste innere Widerstände
erkennen und auflösen**

dtv

Ausführliche Informationen über
unsere Autoren und Bücher
www.dtv.de

Dieses Buch ist auch als eBook erhältlich.

Originalausgabe 2019
2. Auflage 2019
© 2019 dtv Verlagsgesellschaft mbH & Co. KG, München
Das Werk ist urheberrechtlich geschützt.
Jede Verwertung ist nur mit Zustimmung des Verlags zulässig.
Das gilt insbesondere für Vervielfältigungen, Übersetzungen und
die Einspeicherung und Verarbeitung in elektronischen Systemen.
Für Inhalte von Webseiten Dritter, auf die in diesem Werk verwiesen
wird, ist stets der jeweilige Anbieter oder Betreiber verantwortlich,
wir übernehmen dafür keine Gewähr. Rechtswidrige Inhalte waren
zum Zeitpunkt der Verlinkungen nicht erkennbar.
Umschlaggestaltung und Illustrationen: Katharina Netolitzky
Satz: Nadine Clemens, München
Gesetzt aus der Apollo MT Pro
Druck und Bindung: Druckerei C.H. Beck, Nördlingen
Gedruckt auf säurefreiem, chlorfrei gebleichtem Papier
Printed in Germany · ISBN 978-3-423-34949-9

INHALT

★ ★ ★

Zur Einstimmung: Grüße aus dem Untergrund   9

TEIL I – DER SABOTEUR STELLT SICH VOR   13

Kapitel 1: Phänomen Selbstsabotage   15
Der Feind in meinem Kopf   17
Und täglich grüßt der Saboteur   19
Vorsicht, Verwechslungsgefahr   21
Jagd auf ein Phantom   23

Kapitel 2: Wie uns das Gehirn täuscht   28
Irrtum Nr. 1: Ich hab's ja gewusst   29
Irrtum Nr. 2: Ich kann nichts dafür   31
Irrtum Nr. 3: Ich habe gute Gründe dafür   34
Irrtum Nr. 4: Es muss einfach wahr sein   36
Irrtum Nr. 5: Ich kann es beweisen   39

Kapitel 3: So entsteht ein Teufelskreis   43
Wie unser Verhalten durch Konsequenzen geprägt wird   44
Für welche Konsequenzen wir uns entscheiden   47
Warum das Vermeiden negativer Folgen problematisch ist   50
Welche Rolle unsere Bewertungen spielen   52
Die Stellschrauben des Saboteurs im Teufelskreis   56

TEIL II – DIE HANDSCHRIFT DES SABOTEURS — 61

Kapitel 4: Der Beziehungszerstörer — 63
Beispiel 1: Die böse Chefin — 65
Beispiel 2: Pech in der Liebe — 69
Wie das eigene Verhalten erwidert wird — 71
Klassische Sabotagestrategien in Beziehungen — 74

Kapitel 5: Der Erfolgsverhinderer — 78
Beispiel 1: Es hat nicht sollen sein — 79
Beispiel 2: Der Ideengenerator — 84
Warum die Opferrolle so begehrt ist — 89
Klassische Sabotagestrategien im Beruf — 91

Kapitel 6: Der Gesundheitsschädiger — 96
Beispiel 1: Der pflichtbewusste Kranke — 97
Beispiel 2: Wie gelähmt — 100
Krankheit als Konfliktlöser — 105
Klassische Sabotagestrategien
im Gesundheitsbereich — 108

TEIL III – AUF DER SUCHE NACH DEM TÄTER — 113

Kapitel 7: Das perfekte Verbrechen — 115
Der Raum der ungelebten Träume — 118
Die Tür zu Ihren unerfüllten Wünschen — 121
Das Erstellen einer Verbrechenskartei — 124
Die Suche nach Übereinstimmungen — 126

Kapitel 8: Rekonstruktion des Tathergangs — 131
Ver-rückte Perspektive — 134
Die Dinge in einem anderen Licht betrachten — 136
Rollenspiele — 141

Kapitel 9: Auf dem Schauplatz des Geschehens — 148
Schatten der Vergangenheit — 150
Selbstsabotage als Lösungsstrategie — 153
Die Suche nach den inneren Werten — 156

TEIL IV – FREUND ODER FEIND? — 165

Kapitel 10: Begegnung mit dem Saboteur — 167
Wie Sie mit dem Saboteur Kontakt aufnehmen — 170
Der Saboteur zeigt sich nicht — 172
Ein Interview mit Ihrem Saboteur — 175

Kapitel 11: Herrscher über die Unterwelt — 180
Was bin ich selbst wert? — 182
Was will ich wirklich? — 186
Wer bin ich? — 192

Kapitel 12: R-Evolution — 200
Soll ich oder soll ich nicht? — 202
Die Denkweise des Saboteurs — 207
Die eigene Lebensgeschichte verändern — 212

TEIL V – EINE NEUE, BESSERE WELT — 219

Kapitel 13: Kollaboration — 221
Ein gemeinsames Ziel — 224
Verhandlungen — 227

Kapitel 14: Leben mit dem Saboteur — 233
Schritt für Schritt aus der Theorie in die Praxis — 234
Sie haben nun alles, was Sie brauchen — 237
Der kleine Saboteur verabschiedet sich — 239

ZUR EINSTIMMUNG:
GRÜSSE AUS DEM UNTERGRUND

Werte Leserin, werter Leser,

entschuldigen Sie, dass ich hier so einfach hereinplatze und das Wort ergreife. Ich denke, es ist besser, mich gleich höchstpersönlich vorzustellen, denn vermutlich haben Sie noch nicht viel über mich gehört – und doch kennen Sie mich nur zu gut.

Ich bin die Person, die Ihnen die Karriere zerstört hat. Ich bin dafür verantwortlich, dass es in Ihrer Beziehung nicht rundläuft. Und ich bin auch die Ursache für Ihre ständigen Kopfschmerzen. Hier im Buch werde ich innerer Saboteur genannt, manchmal auch Rebell oder, noch schlimmer: destruktiver Anteil. Dabei bin ich in Wirklichkeit etwas ganz anderes: ein Freiheitskämpfer und Ritter der Gerechtigkeit. Ich kämpfe für ein höheres Gut und ich werde nie aufhören, gegen die Kleingeistigkeit zu rebellieren (auch mit schweren Geschützen und unfairen Mitteln, wenn es sein muss)!

Als Teil Ihrer Persönlichkeit gibt es mich schon sehr lange in Ihrem Leben. Fragen Sie mal Ihre Mutter. Das kleine, nach Schokolade brüllende Zornbündel an der Kasse wird ihr sicher noch in lebhafter Erinnerung sein. Oder vielleicht kann Ihr Vater Ihnen von dem Wutbolzen berichten, der den gesamten Flughafen zusammengeschrien hat, weil er nicht verstehen konnte, dass man nicht einfach in irgendein Flugzeug einsteigen darf, nur weil man das jetzt will. Hier war ich am Werk. Damals konnte ich noch frei agieren und meine Wünsche vehement (und notfalls auch sehr laut) äußern. Doch dann kamen Regeln. Unangepasstes Verhalten wurde nicht mehr geduldet. Plötzlich mussten Sie – und somit auch ich – lernen, weniger selbstbezogen zu sein und sich unterzuordnen. Ich durfte nun meine Werte nicht mehr offen vertreten, sonst gab es Sanktionen. Und so ging ich in den Untergrund.

Dort, in den verwinkelten Gängen des Unterbewusstseins, ist jetzt meine Heimat. Ich kenne jedes Versteck, jeden Unterschlupf, in dem ich mich verbergen kann. Ich habe gelernt, im Geheimen vorzugehen. Von hier aus plane ich strategisch meine Aktionen und kämpfe weiter gegen ein Werteregime, das mir aufgezwungen wird. Ich lasse mich nicht unterkriegen und nicht zähmen. Ich unterwerfe mich nicht diesen ganzen unsinnigen Regeln, wie zum Beispiel »Erst die Arbeit, dann das Vergnügen« oder »Nimm dich nicht so wichtig«. Das ist – mit Verlaub – Bullshit!!

Unterschätzen Sie mich nie! Ich bin gerissen und rücksichtslos. Mir geht es nicht um Bequemlichkeit, sondern um Recht und Gerechtigkeit, und bestechen lasse ich mich schon gar nicht.

Falls Sie darauf hoffen sollten, dass sich das alles irgendwann und irgendwie von alleine regulieren wird: Vergessen Sie's! Ich werde nicht aufhören, gegen sinnlose Normen anzukämpfen. Es macht mich wahnsinnig wütend, wenn ich sehe, wie die Welt funktioniert und wie Sie sich selbst das Leben schwermachen und sich verbiegen, um sich einem falschen und unsinnigen Regelwerk anzupassen. *Ich* will mich nicht anpassen. Ich will alles und zwar genau jetzt. Und daher sorge ich immer wieder dafür, dass bestimmte

Vorhaben scheitern, weil sie auf den falschen Werten basieren. Ich werde nicht zurückstecken für andere, sondern mir nehmen, was mir zusteht, und wehe dem, der mir diesen Anspruch aberkennen will.

Ich melde mich hier zu Wort, um Ihnen zu sagen, dass es mich gibt. Sie können mich suchen und jagen, aber Sie werden mich nicht fangen und erst recht nicht bezwingen. Aber Sie können von mir lernen, bestimmte Gedanken und Werte zu hinterfragen und noch mal auf den Prüfstand zu stellen. Vielleicht gelingt es mir sogar, Sie von meiner Sichtweise zu überzeugen. Dann können wir zusammenarbeiten und gemeinsam dafür sorgen, dass Sie ein besseres Leben leben.

Hochachtungsvoll
Ihr Saboteur

TEIL 1

DER SABOTEUR STELLT SICH VOR

KAPITEL 1:
PHÄNOMEN SELBSTSABOTAGE

★ ★ ★

Jeder Mensch besteht aus mehreren Persönlichkeitsanteilen, und nicht immer sind sich alle Anteile einig.

Der Obermufti, seines Zeichens Gedankenminister und Chef der kognitiven Regierung, versuchte angestrengt, sich Gehör zu verschaffen. »Meine Damen und Herren«, hob er an, »ich sehe, Sie sind alle sehr aufgeregt, aber ...« Weiter kam er nicht, da er gleich von mehreren Personen unterbrochen wurde. »Wie kann es denn sein, dass dieses Projekt schon wieder gescheitert ist?«, fragte der innere Kritiker scharf. »Wir werden nie Erfolg haben!«, schluchzte der Angsthase mit hoher und durchdringender Stimme dazwischen. »Alle werden merken, dass wir unfähig sind.« Wieder stieg der Geräuschpegel, und der Obermufti hatte Mühe, die Menge zur Ruhe zu bringen.

»Eure Exzellenz« – eine tiefe und klare Stimme ertönte und der Obermufti wandte sich erleichtert dem Sprechenden zu. »Herlock Sholmes! Wie gut, dass Sie da sind. Was sagen Sie zu dem ganzen Schlamassel?« Herlock war der analytische Anteil und zudem ein Meisterdetektiv. Mit seinem scharfen Verstand analysierte er Probleme und fungierte als Berater der kognitiven Regierung.

»Eure Exzellenz«, begann er nochmals. »Ich glaube, ich habe die Ursache für das Scheitern des Projekts entdeckt. Ich bin der Überzeugung, dass wir sabotiert werden«, erklärte er.

»Natürlich!«, rief der Obermufti erleichtert. »Wir werden ganz klar sabotiert. Ich bemerke schon lange, dass unser Nachbar neidisch ist, und der Kollege von nebenan ...«

»Nein, Eure Exzellenz. Wir werden nicht von außen sabotiert. Es ist einer von uns.«

»Von uns? Von unserem inneren Persönlichkeitsteam?!« Der Obermufti war so schockiert, dass er sich in den nächstbesten Sessel fallen ließ, ungeachtet der Tatsache, dass dort schon der Jammerlappen saß. Mit großen Augen starrte er den Meisterdetektiv an. »Aber ... aber das ist doch nicht möglich? Wer ... wer ist es?«

Kann es sein, dass wir einen inneren Saboteur haben, der uns absichtlich behindert und uns systematisch schadet? Diese Frage haben Sie sich vielleicht auch gestellt, als Sie dieses Buch zur Hand genommen haben. Es fällt uns schwer zu verstehen, warum es in uns solch einen destruktiven Persönlichkeitsanteil geben soll. Und doch ahnen Sie, dass es so sein muss. Seine Existenz erklärt, warum Sie bisher immer wieder an bestimmten Zielen gescheitert sind, obwohl Sie sich doch schon so lange um einen Erfolg bemühen. Erinnern Sie sich einmal an all die Vorhaben, die Sie schon seit Jahren mit sich herumtragen, ohne einen bedeutenden Schritt weitergekommen zu sein. Und denken Sie gleichzeitig an all die Kompetenzen, die Sie haben, und an das Wissen, auf das Sie zugreifen können. Rein logisch betrachtet, müssten Sie Ihre Probleme schon längst bewältigt haben. Es sei denn, Sie werden gezielt und heimlich sabotiert.

Der Feind in meinem Kopf

Aus Sicht des Saboteurs ist Selbstsabotage ein notwendiger Schritt, um Ihre persönliche Integrität und Ihren Selbstwert zu schützen. Da er einer vollständig eigenen Logik folgt, können wir diese Argumentation jedoch kaum nachvollziehen. Erst wenn wir akzeptieren, dass seine Gedankenwelt nicht unserer entspricht, können wir unseren Saboteur besser verstehen. Als ich vor vielen Jahren in einer psychosomatischen Klinik zu arbeiten begann, musste ich auch erst einmal vieles hinterfragen, was ich bislang zu wissen glaubte. Viele Verhaltens- und Sichtweisen der Patienten waren mir neu und unbegreiflich. Ich lernte nach und nach, dass ein und dasselbe Ereignis ganz unterschiedlich wahrgenommen und begründet werden konnte. Offensichtlich waren wir alle in zahlreichen Parallelwelten unterwegs, und jede einzelne hatte ein ganz spezielles Muster. So wurde ich durch meine Arbeit zu einer Forschungsreisenden und erkundete immer mehr dieser inneren Gedanken- und Erlebenswelten. Dabei kam ich mit den unterschiedlichsten Persönlichkeitsanteilen in Berührung.

Den ersten bewussten Kontakt mit dem inneren Saboteur hatte ich in einem Gespräch mit einer Patientin, die unter massiven Schmerzen am ganzen Körper litt. »Die Arbeit hat mich krank gemacht«, berichtete sie mir. »In dieser Arbeit bleibe ich.« Ich war verblüfft, glaubte mich verhört zu haben. »Sie wollen in einem Job bleiben, der Sie krank gemacht hat und vermutlich auch dafür sorgt, dass Sie weiterhin krank bleiben?« Die Patientin bestätigte mir dies lebhaft nickend. Für sie war es selbstverständlich und logisch, dass sie unter allen Umständen an ihrer Arbeit festhalten musste, da es zu kränkend wäre, sich beim Arbeitsamt vorstellen zu müssen und auf Unterstützung angewiesen zu sein. »Wer nimmt mich denn sonst noch, jetzt wo ich solch ein körperliches Wrack bin? Nein, ich werde darum kämpfen, diese Stelle zu behalten, und wenn ich dabei draufgehe.«

Diese Frau war fest entschlossen, sehenden Auges in die Katastrophe zu laufen. Ihr war bewusst, dass diese Entscheidung ihr schaden würde, sie hatte aber zu große Angst, das Wenige an Selbstrespekt, das ihr noch geblieben war, durch Arbeitslosigkeit aufs Spiel zu setzen. Ihre Selbstachtung hatte sie aufgrund ihrer Schmerzen und ihrer nachlassenden Leistungsfähigkeit verloren. Das Einzige, worauf sie noch stolz sein konnte, waren ihre Unbeugsamkeit und ihre Prinzipienstärke. Der Saboteur hatte ganze Arbeit geleistet und eine ausweglose Situation geschaffen.

Diese selbstzerstörerische Entschlossenheit, die mich heute noch beeindruckt, fand ich auch in anderen Lebensgeschichten wieder: Patientinnen mit Magersucht, die es in Kauf nahmen, an ihrem Untergewicht zu sterben, nur um nicht das letzte bisschen Macht und Kontrolle abgeben zu müssen. Männer, die sich lieber in einen Burnout und körperlichen Zusammenbruch arbeiteten, nur um sich nicht die eigenen Belastungsgrenzen eingestehen zu müssen. Frauen, die viel zu lange bei gewalttätigen Ehemännern blieben, nur um nicht öffentlich zugeben zu müssen, dass sie sich in der Partnerwahl geirrt hatten und die Familie doch recht behalten hatte. Sie alle hatten gemeinsam, dass sie das in ihrer Wahrnehmung einzig Richtige taten: hartnäckig den einen Weg zu verfolgen, der ihnen scheinbar noch offenstand. Dabei konnten sie nicht erkennen, was von außen so offensichtlich war: Erst durch diese Radikalität hatten sie sich von allen anderen Möglichkeiten abgeschnitten und mit jedem Schritt auf diesem Weg manövrierten sie sich weiter in ihre Erkrankung und in eine Ausweglosigkeit hinein.

MERKE:
Der Saboteur löst durch seine Radikalität ein Selbstwertproblem, das wir ohne ihn gar nicht hätten.

Und täglich grüßt der Saboteur

Das alles trifft zum Glück nicht auf mich zu, mögen Sie nun vielleicht denken. Irrtum! Selbstsabotagen kommen auch im ganz normalen Alltag vor und werden vom Betroffenen oft gar nicht bemerkt. Im Gegensatz zu den oben geschilderten Patientenbeispielen sind diese kleinen Störaktionen längst nicht so extrem und gefährden nicht gleich die gesamte Existenz und Identität einer Person. Und doch folgen sie alle dem gleichen Muster: Die Lösung, die wir für ein Problem gefunden haben, führt langfristig zu einer Verstärkung des Problems. Und je mehr wir uns mit dem Problem abmühen, desto beharrlicher halten wir an unserer Selbstsabotage-Strategie fest. Wir verhalten uns also nicht unbedingt schlauer als die Fliege, die immer wieder an derselben Stelle den Ausweg sucht und das geöffnete Fenster dabei übersieht.

Ich verfolgte zum Beispiel eine Diskussion in einem Sparforum, in der ein Mann um Hilfe bei seinen Geldproblemen bat. Bald schon deckten andere Diskussionsteilnehmer mehrere kritische Kosten auf, die das monatliche Defizit erklärten. Würde er auf diese Ausgaben verzichten, wären die finanziellen Sorgen rasch beseitigt. Für den Fragesteller war es jedoch unabdingbar, dass diese Zahlungen beibehalten werden mussten. Dies sei er sich wert, und er sehe nicht ein, darauf auch noch zu verzichten. Dass allerdings der Betrag dieser Extraausgaben das im Alltag Ersparte bei Weitem überstieg und zu einer immer kritischeren Situation führte, konnte er auch im Verlauf der immer intensiveren Diskussion nicht nachvollziehen.

Ganz besonders wohl fühlt sich der Saboteur im Bereich der Zeitplanung. Hier hat er viele verschiedene Strategien zur Verfügung, um dafür zu sorgen, dass Sie in Zeitnot geraten. Sei es, dass Sie notwendige Angelegenheiten erst auf den letzten Drücker erledigen, wichtige Dinge aus dem Auge verlieren und dann unter Stress durchziehen müssen oder durch Zwischenfälle immer wieder am eigentlich Unaufschiebbaren gehindert werden: Ihr Saboteur hat oft die Hand im Spiel.

Je geschickter der innere Saboteur ist, desto weniger werden seine Handlungen als gezielte Sabotage erkannt. Viele Menschen gehen davon aus, dass sie einfach Pech hatten, wenn die Dinge anders verliefen als gewünscht. Wie oft habe ich schon die Begründung gehört: »Es hat nun mal nicht sollen sein.« Sind Sie erst einmal zu der Ansicht gelangt, dass Sie schon immer ein Pechvogel waren und es nie zu Reichtum und Erfolg bringen werden, wird es schwierig, den Teufelskreis der Selbstsabotage zu durchbrechen. Aber es ist möglich.

MERKE:
Nicht immer ist der Zufall die ausreichende Erklärung für ein Scheitern. Es kann auch eine unbewusste Selbstsabotage dahinterstecken.

Vorsicht, Verwechslungsgefahr

Saboteur ist nicht gleich Schweinehund. Auf diese Vermischung zweier unterschiedlicher Störenfriede bin ich im Laufe meiner Beschäftigung mit dem Saboteur immer wieder gestoßen. So wurde ich oft während meiner Arbeit an diesem Buch gefragt, ob es zum inneren Schweinehund nicht schon genug Informationen gäbe. Das mag durchaus der Fall sein, jedoch handeln diese von einem komplett anderen Thema.

Zwei Dinge haben Schweinehund und Saboteur gemeinsam: Beide verhindern, dass wir zielstrebig unsere Projekte verfolgen und zu einem glorreichen Abschluss bringen, und beiden würden wir am liebsten den Hals umdrehen. Doch damit erschöpfen sich die Gemeinsamkeiten auch schon. Der Schweinehund steht für ein Verhaltensmuster, das eng mit unserem Belohnungssystem verknüpft ist, und er möchte vor allem eines erreichen: einen Zustand von Wohlbehagen und ewiger Glückseligkeit. Er trachtet danach, einen angenehmen Augenblick so lange wie möglich zu erhalten und unangenehme Situationen zu vermeiden, selbst wenn dies langfristig zu negativen Folgen führen sollte. So ist für den Schweinehund das Stück Schokolade viel erstrebenswerter als das niedrigere Gewicht auf der Waage am anderen Morgen und das Vermeiden des langweiligen Lernens attraktiver als die drohende schlechte Note in der Prüfung. Den Schweinehund können Sie leicht entdecken und gut beeinflussen, wenn Sie die dahinterliegenden Mechanismen kennen und einen passenden Ansporn finden.

Den Saboteur hingegen können Sie mit Belohnungen und Anreizen allenfalls brüskieren, ansonsten aber wenig beeindrucken. Er ist ein Anteil unserer Persönlichkeit, der sich im Kindesalter entwickelt hat, und ihm geht es nicht um ein möglichst angenehmes Leben, sondern vielmehr um das Erhalten von kindlichen Überzeugungen und Werten. Er möchte, dass wir uns unserem Wesen und unserer Identität immer bewusst sind und unseren Prinzipien treu bleiben. Dafür nimmt er auch Unannehmlichkeiten bis hin zu schweren Selbstschädigungen in Kauf. Kurz gesagt, ist der Saboteur ein radikaler Idealist, der bestimmte Projekte behindert, weil deren erfolgreiche Realisierung unsere inneren Überzeugungen gefährden könnte.

Während der Schweinehund also mehr ein Verteidiger unserer Bequemlichkeit ist, ist der Saboteur ein Hüter unserer Identität. Dass die beiden so oft verwechselt werden, liegt vermutlich daran, dass der Saboteur meist nicht erkannt wird. Wie ein Phantom ist er nur sehr schwer zu fassen, und nicht selten werden seine Sabotageakte dem Pech, den Umständen oder der Missgunst anderer Menschen zugeschrieben. Um ihn zu entdecken, müssen Sie Klarheit über Ihre eigenen Werte haben und sich selbst und Ihr Verhalten immer wieder kritisch hinterfragen. Darüber hinaus gibt es in unserem Gehirn Mechanismen, die verhindern wollen, dass wir uns zu sehr mit unseren Defiziten und Schwächen auseinandersetzen. Diese führen ebenfalls dazu, dass Selbstsabotage oft nicht bemerkt wird. Saboteure erkennen Sie daher viel leichter bei anderen als bei sich selbst.

MERKE:
Hinter Schweinehund und Saboteur stecken zwei verschiedene Muster. Dem Schweinehund geht es um Belohnungen, dem Saboteur ums Prinzip. Der Schweinehund handelt sichtbar, der Saboteur agiert im Verborgenen.

Jagd auf ein Phantom

Den inneren Saboteur ausfindig zu machen, zu jagen, aber auch zu verstehen und mit ihm zu verhandeln, gehört für mich ganz zentral zur Entwicklung einer gefestigten Persönlichkeit. Während meiner Arbeit als ärztliche Psychotherapeutin habe ich Selbstsabotage in den unterschiedlichsten Formen kennengelernt, und mittlerweile ist es fast schon ein Hobby geworden, dem kleinen Untergrundkämpfer auf die Schliche zu kommen. Doch wie kann man einen Mechanismus entdecken, wenn er doch unterbewusst abläuft? Zunächst sollten Sie zu verstehen versuchen, was es genau mit dem Saboteur auf sich hat. Es braucht Zeit und Geduld, bis Sie erkennen können, dass nicht die anderen schuld sind, wenn der Erfolg auf der Strecke bleibt, sondern dass maßgeblich Sie selbst daran beteiligt sind. Wenn Ihnen aber erst einmal klar ist, dass es in Ihnen einen Saboteur gibt, dann macht die Suche nach dem zerstörerischen Anteil sogar Spaß. Denn sie ist keine reine Kopfarbeit. Allein mit dem sachlichen Verstand kommen Sie nicht weit, wie Sie bald merken werden. Vielmehr erfordert sie Kreativität, neue, teils schräge Ideen, einen Perspektivwechsel und immer wieder Selbstversuche.

Dieses Buch soll Ihnen eine Anleitung geben, wie Sie Selbstsabotage besser erkennen können. Im ersten Teil erkläre ich Ihnen, was es mit Ihrem Saboteur auf sich hat. Ich möchte Ihnen dabei die wichtigsten Prinzipien unseres Verhaltens und unserer Motivation verständlich machen und zeigen, an welchen Stellen der Saboteur ansetzen kann, um unsere Pläne zu durchkreuzen. So erfahren Sie, warum es so schwer ist, den eigenen Untergrundkämpfer zu finden, und welche Abwehrmechanismen unser Gehirn hat, um sich nicht eingestehen zu müssen, dass wir selbst uns so oft ein Bein stellen. Zudem lernen Sie die Teufelskreise kennen, die der Saboteur für seine Manipulationen schafft und nutzt.

Im zweiten Teil stelle ich Ihnen die wichtigsten Sabotagetypen anhand von Beispielen vor und unterstütze Sie dabei, die Handschrift Ihres Saboteurs immer besser zu durchschauen. Außerdem gehe ich näher auf die dahinterliegenden Beweggründe ein und erkläre Ihnen, warum Ihr Saboteur so agiert, wie er agiert.

Nachdem wir die Theorie hinter uns gelassen haben, geht es im dritten Teil des Buchs gezielt auf die Suche nach dem Saboteur. Um ihm auf die Spur zu kommen, müssen wir um die Ecke denken, denn der vernünftige, logische Anteil in uns hat für Selbstsabotage in der Regel kein Gespür. Dazu braucht es spielerische und kreative Techniken, die den emotionalen Anteil in uns ansprechen. Sie finden hier viele verschiedene Übungen. Lassen Sie sich nicht durch ungewöhnliche Aufgaben abschrecken, sondern probieren Sie Ideen und Ansätze, die Ihnen zunächst fremd vorkommen, einfach mal aus. Kindliche Neugierde, Phantasie und eine Vorliebe für Kriminalromane schaden dabei nicht.

Doch was, wenn wir unseren Saboteur gestellt haben? Bekämpfen oder verhandeln? Nicht immer können Sie Ihren destruktiven Anteil besiegen. Gleichzeitig sollten Sie ihn aber auch nicht einfach gewähren lassen. Darum geht es im vierten Teil.

Der letzte Teil des Buchs schließlich beschäftigt sich damit, wie Sie mit dem Saboteur gut zusammenarbeiten können, um Ihr Leben nachhaltig zu verändern. Die einzelnen Trainingseinheiten helfen Ihnen dabei, Ihren Saboteur besser zu verstehen und eine Einigung mit ihm zu erreichen.

Dieses Buch soll Ihnen nicht nur einen Überblick über die Mechanismen der Selbstsabotage vermitteln, es ist auch als Arbeitsbuch gedacht. Sie finden am Ende jedes Kapitels Fragen zur Selbstreflexion sowie praktische Übungen. Diese sollen die gedankliche und emotionale Auseinandersetzung mit Ihrem Saboteur anregen. Ab dem dritten Teil gibt es für Sie auch immer wieder bestimmte Aufgaben zu lösen. Nehmen Sie sich beim Durcharbeiten des Buchs ausreichend Zeit. Die Zeitangabe soll Ihnen helfen, den Aufwand für eine Aufgabe abzuschätzen. Die inneren Vorgänge vom Kopf her zu verstehen, ist zwar wichtig, reicht aber bei Weitem nicht aus, um eine Veränderung zu bewirken.

Mit anderen Worten: Lesen allein genügt nicht. Erst durch das Üben machen wir neue Erfahrungen und aktivieren so unser emotionales Erleben.

Ich wünsche Ihnen nun viel Spaß auf der Reise in Ihr Unterbewusstsein und viel Erfolg bei der Jagd nach Ihrem Saboteur.

TIPP:
Für die Übungen brauchen Sie ausreichend Zeit. Planen Sie pro Kapitel mindestens eine Woche ein. Es gibt keinen Preis dafür, das Buch möglichst schnell gelesen zu haben.

FRAGEN ZUR SELBSTREFLEXION
- In welchen bestimmten Punkten handle ich »aus Prinzip«? Was sind das für Prinzipien?
- Welche Dinge können mich zuverlässig auf die Palme bringen?
- In welchen Angelegenheiten haben andere Menschen eine ganz andere Wahrnehmung als ich?
- Wie war ich als Kind? In welchem Alter habe ich zum ersten Mal rebelliert? Und gegen was?

ÜBUNGEN

1. Suchen Sie den Saboteur in Ihrer Kindheit. Fragen Sie dazu Personen, die Sie als Kind gut kannten, zum Beispiel Eltern, Geschwister, Verwandte und Freunde. Was hat Sie als Kind in Rage gebracht? Wie haben Sie diese Wut geäußert? Wann waren Sie trotzig? Wie weit sind Sie gegangen, um Bedürfnisse durchzusetzen?
2. Schauen Sie Ihre Kinderfotos durch und suchen Sie sich die Bilder heraus, auf denen Sie trotzig oder wütend zu sehen sind. Versuchen Sie sich zu erinnern, was damals der Anlass war.
3. Legen Sie ein Saboteur-Arbeitsbuch an und sammeln Sie dort die Fotos und Anekdoten. Nehmen Sie sich dafür ausreichend Zeit. Sie werden sehen, je mehr Sie sich damit beschäftigen, desto mehr Erinnerungen werden kommen.
4. Schreiben Sie eine Liste der guten Vorsätze. Dort sollten alle Ihre Projekte stehen, die Sie in der nächsten Zeit durchführen möchten.

AUF DEN PUNKT GEBRACHT

Der innere Saboteur ist ein Anteil unserer Persönlichkeit. Schon seit unserer Kindheit gehört er zu uns. Er symbolisiert bestimmte Verhaltensmechanismen, die dazu führen, dass wir uns in manchen Dingen selbst im Weg stehen und unsere Projekte behindern. Der Saboteur handelt dabei aber nicht aus reiner Bosheit, sondern er möchte verhindern, dass wir unseren Idealen und Prinzipien untreu werden. Selbstsabotage geschieht häufig und tritt auch in alltäglichen Situationen auf. Sie zu erkennen ist sehr schwierig und erfordert Kreativität und Neugier. Die Übungen in diesem Buch sind ein wichtiger Bestandteil bei der Suche nach dem Saboteur.

KAPITEL 2:
WIE UNS DAS GEHIRN TÄUSCHT

★ ★ ★

Das war knapp! Keuchend hetzte der Saboteur in seinen Unterschlupf und lehnte sich gegen die Tür. Um ein Haar wäre er erwischt worden. Das durfte auf keinen Fall geschehen. Er musste unbemerkt bleiben. Wenn die kognitive Regierung ihm auf die Schliche käme, wäre seine ganze wertvolle Arbeit nicht mehr möglich.

Wie gut, dass sein Mensch eigentlich gar nicht wahrhaben wollte, dass es ihn gab. Aus diesem Grund waren in seinem Gehirn verschiedene Abwehrmechanismen aktiv, die der Saboteur natürlich kannte und regelmäßig nutzte. Und doch war der Meisterdetektiv auf ihn aufmerksam geworden.

Angestrengt lauschte der Saboteur, ob irgendwo die Alarmglocken ausgelöst wurden, doch nichts tat sich. Erleichtert atmete er aus. Vermutlich hatte sich der Obermufti wieder davon überzeugt, dass äußere Umstände schuld waren, oder er hatte wie so oft das Schicksal als Erklärung hergenommen. Zumindest schien keiner nach einem Saboteur zu suchen. Die Luft war also rein. Und mit diesem Gedanken wandte sich der Saboteur seinem nächsten Projekt zu.

★ ★ ★

Wie kann das sein, dass der Saboteur schon jahrelang sein Zerstörungsspiel treibt, ohne je entdeckt worden zu sein? Die Antwort finden wir in unserem Gehirn. Dort gibt es mehrere Mechanismen, die verhindern, dass wir Selbstsabotage erkennen. Ich erkläre Ihnen in diesem Kapitel, welchen Irrtümern wir oft unterliegen, und warum es uns zwar meist nicht möglich ist, unseren Saboteur zu bemerken, wir ihn aber umso deutlicher bei anderen identifizieren können.

Irrtum Nr. 1: Ich hab's ja gewusst

Selbstsabotage bleibt vor allem dann unentdeckt, wenn wir den Grund für das Geschehen nicht in uns selbst, sondern bei anderen finden. Und dabei können wir sehr kreativ werden. Das folgende Beispiel zeigt, wie geschickt wir uns manchmal etwas vormachen und selbst klare Indizien für Selbstsabotage nicht wahrnehmen.

»Frau Muthig, ich verstehe nicht, warum ich schon wieder gemobbt werde. Haben Sie gesehen, wie die Gruppe reagiert hat, als ich ein Thema vorgeschlagen habe? Und haben Sie bemerkt, dass überhaupt keiner auf meinen Vorschlag eingegangen ist und alle ein anderes Thema nehmen wollten? Hier passiert wieder dasselbe wie früher. Wie kann ich denn gesund werden, wenn ich auch hier gemobbt werde?« Diese Klage äußerte eine Patientin in unserem Einzeltherapiegespräch. Ich konnte nachvollziehen, warum die anderen Patienten auf ihr Bedürfnis zurückhaltend, ja sogar abwehrend reagiert hatten. Behutsam versuchte ich, eine andere Perspektive auf das Geschehen zu entwickeln. Da die Gruppentherapien zu Analysezwecken aufgezeichnet werden, sahen wir uns gemeinsam einen Ausschnitt aus der

Videoaufzeichnung an, damit die Patientin sich selbst beobachten und ihr Verhalten interpretieren konnte. So konnte sie sehen, wie sie den Großteil des Gesprächs abweisend auf ihrem Stuhl saß, mit geschlossenen Augen und sichtlich gelangweilt. Als ich sie darauf ansprach, was dieser Anblick bei den anderen auslösen könnte, erwiderte sie: »Ja, das sieht schon so aus, als würde ich schlafen und mich nicht interessieren, aber können Sie denn nicht verstehen, dass ich mich nur schützen möchte vor weiteren Verletzungen? Und wenn ich ausgeschlossen werde, werde ich müde und kann mich nicht mehr konzentrieren. Wenn die anderen sich mehr um mich kümmern würden und mich nicht ständig ignorieren würden, dann wäre das alles anders. Aber ich werde immer gemobbt.«

Die betreffende Patientin hatte ihre eigenen Verhaltensweisen nicht in Frage gestellt, sondern vielmehr gerechtfertigt und mit zwei Fakten begründet: mit dem Verhalten der anderen und mit der eigenen Vergangenheit. Wenn wir etwas immer wieder erleben, dann prägt uns dies und beeinflusst unsere Sichtweise. Und mit jeder Wiederholung der Ereignisse fühlen wir uns in unseren Annahmen bestätigt. In obigem Beispiel hatte die Patientin negative Erfahrungen mit ihren Mitmenschen gemacht und für sich gelernt: »Alle wollen mir nur schaden.« Jeder neue Konflikt bestärkte sie in ihrer Überzeugung.

Wir halten es für einen unumstößlichen Beweis, dass wir mit unseren Ansichten richtigliegen, wenn wir etwas vorhersagen, das dann auch exakt so eintrifft. Dummerweise sagt dies aber nichts darüber aus, ob unsere Grundüberzeugung stimmt. Denn oft tappen wir dabei in die Falle der *selbsterfüllenden Prophezeiung*: Wir sind so sehr davon überzeugt, dass ein bestimmtes Ereignis eintreten wird, dass wir uns auch schon entsprechend verhalten. Alleine dadurch lenken wir die Geschehnisse in einer Weise, dass sich die Situation dann tatsächlich so entwickelt, wie wir dies erwartet haben. Und fühlen uns zudem wieder in unserer Sichtweise bestätigt. In der Erwartung, dass sie sowieso nur wieder verletzt und ausgegrenzt werden würde, hatte sich unsere Beispielpatientin schon zu Beginn zurückgenommen und von den anderen distanziert und erlebte dadurch genau die Ausgrenzung, vor der sie sich doch ursprünglich schützen wollte.

MERKE:
Bereits durch unsere Überzeugungen können wir den Verlauf der Dinge beeinflussen.

Irrtum Nr. 2: Ich kann nichts dafür

Wir können uns also nicht auf unsere Vorhersagen verlassen und genauso wenig auf unsere eigene Wahrnehmung. Denn selbst die Videoaufzeichnung reichte im obigen Beispiel für die Patientin nicht aus, um ihren Eigenanteil am Geschehen zu erkennen. Das, was sie sah, bestärkte sie vielmehr in der Annahme, dass nicht sie, sondern die anderen schuld an der Situation seien und sie allenfalls einen nur geringen Anteil daran gehabt hatte. Wie kann es sein, dass sie das so Offensichtliche nicht wahrnehmen konnte?

Dieses Phänomen lässt sich durch das Konzept der sogenannten *kognitiven Dissonanz* erklären, das 1957 von Leon Festinger beschrieben wurde. Kognitive Dissonanz bedeutet, dass eine Abweichung zwischen unseren Glaubenssätzen und unseren Wahrnehmungen besteht. Dieser Missklang zwischen dem, was ich glaube, und dem, was ich erlebe, führt in der Regel zu einem besonders unangenehmen Gemütszustand. Das von Festinger entwickelte Konzept basiert auf der Annahme, dass wir Menschen danach trachten, unangenehme Gefühlszustände um jeden Preis zu vermeiden. Dies ist ja durchaus nachvollziehbar. Wer sitzt schon gerne auf einer heißen Herdplatte oder ist der Adressat einer ordentlichen Gardinenpredigt? Lieber setzen wir uns doch auf ein bequemes Sofa, und wenn wir den Partner mit grimmigem Gesicht auf uns zukommen sehen, überlegen wir schnell, wie wir ihn besänftigen und den Vortrag über Pünktlichkeit oder Loyalität vermeiden können. Ein einfacher Mechanismus, den wir alle verstehen können und der uns meist bewusst ist.

Ein besonders unangenehmer Gefühlszustand ist es, wenn das eigene Selbstbild (»ich bin gut«, »ich bin loyal und verlässlich«) angegriffen wird. Uns selbst eingestehen zu müssen, dass wir nicht so zuverlässig oder so fehlerfrei sind, wie wir geglaubt haben, kann enorm schmerzhaft sein. So schmerzhaft, dass das Gehirn diese Erkenntnis nicht zulassen möchte. Es versucht, die unangenehmen Gedanken und Gefühle zu verringern, indem es andere Begründungen dafür findet, dass wir nicht so erfolgreich waren wie erhofft. Plötzlich gibt es äußere Umstände, die schuld sind. Oder wir erklären uns unseren Misserfolg durch das Fehlverhalten unserer Mitmenschen. Schon können wir wieder in den Spiegel schauen und müssen unser Selbstkonzept nicht hinterfragen. Dies nennt sich *Externalisierung*, also ein Abwälzen von Verantwortung nach außen, weg von uns selbst. So gut funktioniert das Gehirn in seinem Schmerzvermeidungsprogramm, dass wir dies nicht einmal bewusst steuern müssen. Es geschieht nahezu reflexartig und ganz von allein.

In unserem Beispiel wäre es für die Patientin zu schmerzhaft gewesen, sich einzugestehen, dass sie selbst sich durch eine ablehnende Körperhaltung und Mimik ausgrenzte, denn es hätte nicht mit ihrer Selbstwahrnehmung eines offenen und sozialen Menschen übereingestimmt. Stattdessen interpretierte sie ihr Verhalten als Müdigkeit und erklärte, warum die anderen daran schuld waren. Ihre Erklärung, warum sie immer wieder das Opfer von Ausgrenzung war und nichts dagegen tun konnte, war für sie leichter zu ertragen als die Erkenntnis, dass ihre soziale Kompetenz doch nicht so ausgeprägt war, wie sie gedacht hatte.

MERKE:

Sein eigenes Selbstbild hinterfragen zu müssen ist so schmerzhaft, dass das Gehirn viele Wege findet, um dies zu vermeiden. Stattdessen sucht es oft die Gründe bei anderen.

Irrtum Nr. 3: Ich habe gute Gründe dafür

Rauchen ist hervorragend dafür geeignet zu demonstrieren, wie kreativ das Gehirn bei kognitiver Dissonanz reagieren kann. Das folgende Beispiel ist frei erfunden. Und doch erkennen Sie sich oder einen Bekannten darin vielleicht wieder:

Holger wollte eigentlich schon länger mit dem Rauchen aufhören, und nun nach einem Besuch bei seinem Hausarzt war es ihm sehr ernst damit. Die Blutwerte waren auffällig, die Lunge rasselte und insgesamt merkte er auch, dass seine Kondition immer schlechter wurde. Dann waren da natürlich auch die immer weiter steigenden Kosten für Zigaretten, ganz zu schweigen von den spitzen Bemerkungen seiner Frau, dass er immer so nach Rauch stinke. Der Entschluss war also gefasst. Holger informierte seine Freunde und bat sie um Unterstützung, Aufmunterungen, Nachfragen und auch mal um einen Tritt in den Hintern, wenn es nötig sein sollte. Zudem besorgte er sich ein kleines Programm für sein Smartphone, das ihm errechnete, wie viel er durch jede nicht mehr gerauchte Zigarette sparen konnte. Der Tag X war gekommen, sämtliche Nikotinvorräte aufgebraucht und die letzte Zigarette geraucht. Mit Beginn der Entzugserscheinungen wurde Holger gereizt und nervös, das Bedürfnis nach einer Zigarette wurde immer größer. Er raunzte seine Kollegen an und konnte seine schlechte Laune kaum verbergen. Kurz bevor am Nachmittag ein wichtiges Meeting anstand, erlaubte er sich eine Zigarette, um nicht durch seine Gereiztheit den Ausgang der Gespräche negativ zu beeinflussen. Als er am Abend nach Hause kam und von seiner

Frau erwartungsvoll empfangen wurde, berichtete er, dass der Zeitpunkt für einen Rauchstopp ungünstig gewählt war. Aktuell sei es zu stressig auf der Arbeit und außerdem: Warum solle er auf etwas so Genussvolles und Entspannendes in seinem Leben verzichten? Ärzte könnten sich auch irren, Helmut Schmidt sei trotz Kettenrauchens sehr alt geworden und er wolle sich nicht vorschreiben lassen, wie er zu leben habe und was ihm guttue. Sein Leben sei zu kurz, um auf etwas zu verzichten.

Dass Rauchen abhängig macht, ist allseits bekannt. Mittlerweile informieren nicht nur Worte, sondern auch abschreckende Bilder auf den Zigarettenschachteln über mögliche schwere und sogar tödliche Folgen des Rauchens. Medizinisch, gesellschaftlich und finanziell gesehen, gibt es viele Gründe, die gegen das Rauchen sprechen, aber kaum einen Grund dafür. Und doch rauchen deutschlandweit Millionen Menschen weiter. Warum? Viele berichten, dass sie aus Genuss oder zur Entspannung rauchen und sie sich dieses Vergnügen nicht nehmen lassen möchten. Sind Sie zufällig Genussraucher? Wenn ja, dann machen Sie sich gerade selbst etwas vor. Wenn Sie sich noch an Ihre erste Zigarette erinnern, wissen Sie, dass diese nicht besonders gut geschmeckt hat. Und auch heute noch schmeckt Nikotin nicht. Die bittere Wahrheit ist, dass Rauchen abhängig macht. Die Entspannung, die Sie beim Rauchen empfinden, ist in der Regel die Linderung der Entzugssymptomatik, nichts weiter. Da diese Erkenntnis jedoch nicht so gut mit unserer Überzeugung, frei und unabhängig zu sein, übereinstimmt, reden wir uns ein, dass wir jederzeit mit dem Rauchen aufhören könnten, wenn wir es nur wollten.

Hier hat unser Gehirn eine andere Strategie gefunden, um die Diskrepanz zwischen unserem Selbstbild (»ich selbst entscheide über mein Leben und bin unabhängig«) und den Fakten (»Rauchen kann tödliche Folgen haben«) zu umgehen. Im Falle des Rauchens können wir nicht andere verantwortlich machen. Stattdessen relativieren wir die Risiken, finden Gegenbeispiele und suchen eine Begründung für das eigene Verhalten, das unserem Selbstkonzept entspricht. Vertrauen Sie also nie Ihren eigenen Motiven.

MERKE:
Wenn wir das Umfeld nicht verantwortlich machen können, finden wir Gründe für unser Verhalten, die unserem Selbstbild entsprechen. Auch wenn diese Gründe oft nicht stimmen.

Irrtum Nr. 4: Es muss einfach wahr sein

Manchmal ist es zum Haareraufen. Die Tatsachen sind doch so offensichtlich! Warum nur kann unser Gegenüber das nicht sehen? Vielmehr wird die Diskussion immer hitziger, und je länger sie dauert, desto vehementer beharrt jeder auf seinem Standpunkt. Kennen Sie? Es stecken nicht etwa Sturheit oder Trotz dahinter, sondern eine weitere Strategie unseres Gehirns, unangenehme Erkenntnisse zu verhindern. Ich möchte Ihnen mit einem Beispiel erklären, warum die Überzeugung umso stärker wird, je mehr wir sie vor anderen verteidigen müssen.

Eine Sektenführerin kündigte Mitte der 1950er-Jahre das Ende der Welt an. Sie habe von Außerirdischen erfahren, dass die Welt an einem bestimmten Tag zerstört werde. Jedoch gebe es Rettung: Die Außerirdischen würden kommen und die Getreuen in ihren Ufos mitnehmen in eine andere, bessere Welt. Was bei den meisten Menschen zu verächtlichem Gelächter führte, stieß bei den Mitgliedern der Sekte auf offene Ohren. Sie versuchten, möglichst viele Menschen von ihrem Glauben zu überzeugen, um sie zu retten. Der besagte Tag kam, die Gläubigen versammelten sich und meditierten, um als Einzige von den Außerirdischen gerettet zu werden. Doch es kam weder zum Weltuntergang noch zur Landung von Ufos. Psychologen, die das ganze Geschehen mitverfolgt hatten, waren neugierig, wie nun die Sektenmitglieder reagieren würden. Wer erwartet hatte, dass viele von ihnen enttäuscht von ihrem Glauben abfallen und sich gegen die Sektenführerin wenden würden, wurde überrascht. Denn das Gegenteil trat ein: Begeistert erzählten die Betroffenen allen, die es hören oder auch nicht hören wollten, dass allein ihr Glaube die Welt vor dem Untergang bewahrt habe und sie durch diese positive Bestätigung noch sicherer in ihm geworden waren.

Wie konnte es dazu kommen, dass durch eine doch sehr offensichtliche Täuschung die Überzeugung noch gewachsen war? Ich hatte ja schon erklärt, dass das Eintreten einer Vorhersage uns in unseren Grundannahmen bestärkt. Aber hier war nichts von dem eingetroffen, was die Sektenanhänger erwartet und erhofft hatten. Die Erklärung ist in diesem Fall eine andere: Die Betroffenen hatten im Vorfeld und in Vorbereitung auf den Weltuntergang viel riskiert. Sie hatten keine Kosten und Mühen gescheut, um möglichst viele Menschen von ihrer Wahrheit zu überzeugen, und hatten damit vor allem Spott oder offene Aggression erfahren. Sie hatten sich von »Andersgläubigen« distanziert und oft wichtige soziale Kontakte für die Sekte aufgegeben. Einzig ihre Überzeugung, das Richtige zu tun und für ein höheres Gut zu kämpfen, hatte diesen Aufwand gerechtfertigt. Je mehr aber im Vorfeld investiert wird, desto höher ist im Fall des Misslingens der Verlust und umso größer der Schmerz. Im oben genannten Beispiel stand sogar noch viel mehr auf dem Spiel. Die Gläubigen hätten sich und anderen eingestehen müssen, dass sie einer abstrusen Geschichte aufgesessen waren, was für sie sehr beschämend gewesen wäre. Und sie hätten sich von einer äußerst schönen Illusion verabschieden müssen, nämlich der Idee, etwas Besonderes zu sein, auserwählt für eine bessere Welt. Die damit einhergehenden unangenehmen Empfindungen muss das Gehirn auf jeden Fall vermeiden und wird daher umso vehementer seine Ideen verteidigen. Notfalls auch mit Selbstbetrug. Sekten kennen diesen Mechanismus und verwenden ihn, um ihre Mitglieder noch stärker an sich zu binden. Nicht umsonst verlangen sie oft eine hohe finanzielle Beteiligung, die Abkehr von der Familie und Missionsarbeit. Denn je mehr die Mitglieder investieren und riskieren, desto sicherer werden sie die Überzeugungen der Sekte nach außen und vor allem auch vor sich selbst verteidigen.

Was für Sektenmitglieder gilt, gilt auch für alle anderen. Jeder von uns ist mit Glaubenssätzen und Überzeugungen aufgewachsen, die seit der Kindheit existieren und in die wir schon viel investiert haben. Je mehr Nachteile wir in

Kauf genommen haben (beruflich oder auch privat), um unsere Glaubenssätze nicht hinterfragen zu müssen, und je öfter wir in Diskussionen einen bestimmten Standpunkt bereits vertreten haben, desto beharrlicher wird unser Gehirn diese Meinung aufrechterhalten.

MERKE:
Je größer die Investition, desto stärker die Überzeugung.

Irrtum Nr. 5: Ich kann es beweisen

Was aber, wenn es doch Beweise gibt, die zeigen, dass die Überzeugung tatsächlich gestimmt hat? Leider können Sie manchmal Ihrer eigenen Wahrnehmung nicht trauen, wie ich Ihnen mit dem nächsten Beispiel zeigen möchte.

Eine sehr hartnäckige Selbstüberzeugung, die ich bei Depressionen oft vorfinde, ist die Annahme, nicht liebenswert zu sein. Um diese zu widerlegen, gebe ich meinen Patienten manchmal als Aufgabe, Hinweise dafür zu finden, dass diese Hypothese NICHT stimmt. Eine Patientin jedoch brachte mir stattdessen eine ganz andere Liste mit. »Ich kann es beweisen«, sagte sie mir, »hier, sehen Sie, lauter Indizien dafür, dass ich nicht liebenswert bin.« Die Liste, die sie mir überreichte, war lang. Die Patientin hatte lauter Beobachtungen aufgeschrieben, die ihrer Meinung nach ihre Grundüberzeugungen bestärkten. Unter anderem stand darauf: »Der Busfahrer hat mir vor der Nase die Tür zugemacht. – Als ich das Zimmer betreten habe, haben alle aufgehört zu sprechen. – Mein Nachbar hat mich ignoriert, als ich ihn begrüßt habe. – Als ich etwas gesagt habe, hat keiner reagiert.« Insgesamt standen zwölf für die Patientin unumstößliche Beweise für ihre Nicht-Liebenswürdigkeit auf ihrer Liste und es kostete mich einiges an Zeit, um sie Punkt für Punkt zu entkräften.

Was auf den ersten Blick ein handfester Beweis für die eigene Überzeugung zu sein scheint, kann aber ganz einfach mit dem *Rote-Ampel-Effekt* erklärt werden. Kennen Sie das auch? Immer wenn ich zu spät dran bin, ist jede einzelne Ampel rot. Die Welt hat sich gegen mich verschworen. Ich habe ein echt mieses Karma. In Wirklichkeit sind die Ampeln natürlich nicht häufiger rot als an den anderen Tagen. Aber es fällt mir bei Zeitnot mehr auf und fällt schwerer ins Gewicht. Oder ein anderes Beispiel: Waren Sie mal auf der Suche nach einem bestimmten Kleidungsstück, z. B. einem roten Mantel? Oder wollten Sie sich einmal einen blauen Kleinwagen kaufen? Dann haben Sie vermutlich bemerkt, dass plötzlich viel mehr blaue Autos oder rote Mäntel in der Welt existieren als vorher. It´s magic! In Wirklichkeit ist es nur eine Veränderung Ihrer Wahrnehmung.

Unser Gehirn muss pro Sekunde viele tausend Eindrücke verarbeiten. Die meisten werden sofort ausgefiltert. Nur das, was für uns nützlich ist, wird weiter verarbeitet. Das kann ein Gegenstand sein, den wir schon lange suchen, aber auch etwas, das unsere innere Überzeugung bestätigt. Wenn Sie der Meinung sind, dass Berlin eine schmutzige Stadt ist, werden Sie vermutlich jeden Hundehaufen auf der Straße bemerken. Ich lebte sechs Monate in Berlin und habe in dieser Zeit keinen einzigen Hundehaufen gesehen. Meine

Schwester entdeckte schon gleich in den ersten Stunden ihres Besuchs einen.

Wahrnehmungen, die unsere Überzeugung bestätigen, dringen in unser Bewusstsein vor und werden abgespeichert. Wahrnehmungen, die unserer Überzeugung widersprechen, werden dagegen schnell ausgefiltert. Ein Prozess, der uns normalerweise nicht bewusst ist und den wir uns deswegen immer wieder bewusst machen sollten. Und so können Sie sich noch nicht einmal mehr auf Ihre eigenen Sinne verlassen.

MERKE:

Wir sehen vor allem das, was wir glauben. Was nicht mit unserer Überzeugung übereinstimmt, wird gerne ausgefiltert.

FRAGEN ZUR SELBSTREFLEXION
- In welchen Punkten gebe ich anderen die Verantwortung? Könnte es auch sein, dass ich selbst einen Anteil habe?
- Habe ich bestimmte ungesunde Verhaltensmuster (z.B. ungesundes Essen, Rauchen, Alkohol, wenig Sport)? Wie erkläre ich mir dieses Verhalten?
- Welche Überzeugungen trage ich seit meiner Kindheit mit mir herum? Wie wäre mein Leben verlaufen, wenn ich diese Überzeugungen nicht gehabt hätte?
- Welche Nachteile habe ich in Kauf genommen, welche Wünsche mir nicht erfüllt, da dies entgegen meiner Überzeugung gewesen wäre?

ÜBUNGEN

1. Zählen Sie auf Ihrem Arbeitsweg rote Autos. Nach ein paar Tagen werden Sie rote Autos auch dann registrieren, wenn Sie nicht mehr bewusst darauf achten.
2. Suchen Sie Beweise dafür, dass Brillenträger besonders gerne lesen. Wenn Sie aufmerksam durch Ihre Stadt gehen, werden Sie viele Situationen wahrnehmen, die diese (von mir natürlich frei erfundene) These bestätigen.
3. Suchen Sie Gegenbeispiele, um eine allgemein gebräuchliche Regel (z. B. im April ist das Wetter unbeständig) zu widerlegen.

AUF DEN PUNKT GEBRACHT

Unser Verhalten wird durch ein ganz simples Programm geprägt: Schmerz vermeiden, Schönes erleben.

Einen besonders großen Schmerz bereitet es uns, wenn wir uns irren, vor allem wenn wir uns über uns selbst irren. Die Abweichung von innerer Überzeugung und erlebter Wirklichkeit nennt man kognitive Dissonanz. Diese ist sehr unangenehm und muss auf jeden Fall vermieden werden. Daher denkt unser Gehirn sich schöne Geschichten aus, um zu erklären, warum dieses Mal die Realität nicht mit unserer Sichtweise übereinstimmt. Die Verantwortung wird auf die Umstände oder auf andere Personen verschoben, unser Selbstbild entsprechend zurechtgerückt.

Um uns selbst zu beweisen, dass wir recht haben, speichert das Gehirn hauptsächlich Wahrnehmungen, die unsere Hypothese untermauern, und filtert Wahrnehmungen, die das nicht tun, aus. Das bestärkt uns wiederum in unserer Sichtweise.

KAPITEL 3:
SO ENTSTEHT EIN TEUFELSKREIS

★ ★ ★

»Muss das denn sein?«, stöhnte der Obermufti. Er und der Meisterdetektiv waren über ein großes Stück Papier gebeugt, das übersät war mit Kritzeleien. »Können wir die ganze Sache nicht abhaken? Es ist spät und ich würde gerne schlafen.« – »Mit Verlaub«, entgegnete Herlock Sholmes, »es ist immens wichtig, dass wir verstehen, wie es zum Scheitern des letzten Projekts gekommen ist. Und dafür müssen wir jeden einzelnen Schritt rekapitulieren. Warum zum Beispiel haben Sie Ihre Bedenken nicht geäußert?« – »Weil ich sonst einen Konflikt heraufbeschworen hätte«, antwortete der Obermufti mechanisch, während er gelangweilt einer Fliege auf dem Fensterbrett zusah. Die Minuten verstrichen, und unter den monotonen Erklärungen des Meisterdetektivs dämmerte der Obermufti vor sich hin. Bis sein Blick auf das Papier fiel.

Schlagartig wurde er hellwach. »Moment. Ich glaube, wir haben hier einen Fehler gemacht. An dieser Stelle waren wir doch vorhin schon.« Sein Gegenüber nickte: »In der Tat. Hier waren wir schon. Aber meine Analysen sind korrekt und jeder Schritt ist nachvollziehbar. Dass wir wieder an diesem Punkt angelangt sind, liegt daran, dass sich das Projekt im Kreis gedreht hat.« – »Aber das kann nicht sein«, murmelte der Obermufti. »Jeder einzelne Schritt hat den nächsten bedingt. Wir sind konsequent auf unser Ziel zugegangen.« – »Nein, wir sind im Kreis gegangen«, erklärte der Meisterdetektiv mit grimmiger Miene. »Jemand hat die Weichen verstellt und den Anschein erweckt, dass nur diese Richtung die einzig sinnvolle ist. Und ich ahne auch schon, warum.«

Der Saboteur liebt Teufelskreise. Geschickt leitet er Sie bei jeder möglichen Wegkreuzung so, dass es immer weniger Handlungsoptionen gibt, bis Sie sich am Ende in einem Kreisverkehr befinden, aus dem es keine Ausfahrt gibt. Daher ist es wichtig, dass Sie einen Teufelskreis frühzeitig erkennen.

Von Teufelskreisen haben Sie wahrscheinlich schon gehört oder gelesen. Sie haben die Besonderheit, dass jeder Schritt automatisch zum nächsten führt und sich das Problem dabei immer weiter verstärkt. Genau genommen ist es kein Kreis, sondern eher eine Spirale, die mit jeder Umdrehung etwas weiter nach unten führt. Ich werde Ihnen in diesem Kapitel Schritt für Schritt erklären, wie diese Teufelskreise entstehen und an welchen Punkten der Saboteur ansetzen kann. Erlauben Sie mir aber vorher einen kurzen Ausflug in die Verhaltenspsychologie.

Wie unser Verhalten durch Konsequenzen geprägt wird

Viele Verhaltensforscher haben sich damit beschäftigt, warum wir bestimmte Dinge tun und andere lassen. Die daraus entstandene *Lerntheorie* besagt, dass insbesondere die jeweils sich ergebenden Konsequenzen unser Verhalten beeinflussen. Erinnern Sie sich daran, dass wir darauf programmiert sind, unangenehme Zustände möglichst zu vermeiden? Wenn Sie sich nach einer Tätigkeit deutlich schlechter fühlen als zuvor, wird Ihnen die Lust am Tun erst einmal vergehen. Und wenn Sie nach einer Aktion wie berauscht vor Glück sind, würden Sie diesen Zustand gerne bewahren und Ihre Handlung am liebsten wiederholen.

Wie das Lernen durch Konsequenzen funktioniert, erfahren Sie, wenn Sie ein Tier trainieren möchten. Auch hier arbeiten Sie vor allem mit Belohnungen und Bestrafungen, und das Tier lernt aus den Folgen. Wollen Sie einem Hund beibringen, sich zu setzen, sobald Sie »Platz!« sagen, dann werden Sie ihn vermutlich jedes Mal loben und vielleicht mit einem Leckerbissen belohnen, wenn er sich wie gewünscht verhält. Dagegen werden Sie ihn schimpfen, wenn er sich von der Leine losreißen will. Erfährt ein Tier immer wieder eine positive Konsequenz (z. B. Lob, Bestätigung oder Trost), so ist die Wahrscheinlichkeit, dass es sich noch einmal genau so verhalten wird, etwas größer geworden. Wird es jedoch für sein Verhalten bestraft, so sinkt die Wahrscheinlichkeit für ebendieses Verhalten ein klein wenig.

Was mit Tieren funktioniert, klappt auch in der Kindererziehung wunderbar. Vielleicht kennen Sie selbst aus leidvoller Erfahrung Hausarrest oder Fernsehverbot als Strafen und umgekehrt ein Eis zwischendurch oder mehr Taschengeld als Belohnungen. Und so lernen auch wir Menschen nach und nach, dass ein bestimmtes Verhalten bestimmte Konsequenzen nach sich zieht, und passen es entsprechend unseren Erwartungen an. Je häufiger wir ein bestimmtes Verhalten zeigen, desto mehr gewöhnen wir uns daran und desto weniger denken wir darüber noch nach. Manchmal ist uns gar nicht mehr bewusst, dass wir etwas nur tun, um eine bestimmte Konsequenz zu erreichen bzw. zu vermeiden.

Haben Sie auch schon einmal besonderen Wert auf Ihr Aussehen gelegt, um ein Date zu beeindrucken? Oder haben Sie einmal einen Auftrag übernommen, obwohl Sie schon genug zu tun hatten, nur um Kunden oder den Chef nicht zu verärgern? Sind Sie mit Ihrer Freundin ins Kino gegangen, obwohl Sie keine Lust dazu hatten, weil Sie nicht wollten, dass sie enttäuscht ist? Bei all diesen Beispielen hatten Sie die möglichen Konsequenzen im Hinterkopf.

Eine einmalige Konsequenz reicht oft nicht aus, um ein Verhalten zu verändern. Die Belohnung oder Bestrafung muss in der Regel mehrfach erfolgen, um einen Lerneffekt zu erzielen. Aber sie muss nicht jedes Mal auftreten, ganz im Gegenteil. Je öfter eine Belohnung erfolgt, desto störanfälliger ist das Verhalten, wenn die Belohnung dann einmal ausbleibt. Denken Sie an einen Glücksspieler. Dieser kann nie genau wissen, wann der Automat die Münzen wieder ausspuckt. Und daher versucht er es immer und immer wieder, in der Hoffnung, dass es nun endlich einmal geschehen könnte. Würde dagegen der Spielautomat jedes Mal einen kleinen Gewinn auswerfen und irgendwann damit aufhören, würde unser Glücksspieler es vielleicht noch zwei oder drei Mal probieren, gegen den Automaten treten und dann woanders weitermachen. Die Unklarheit, wann die nächste Belohnung erfolgt, verleitet uns also dazu, es immer wieder aufs Neue zu versuchen. Und wenn dann die Belohnung eintritt, verstärkt sie unser Verhalten, auch wenn sie vielleicht reiner Zufall war.

Nicht immer ist offensichtlich, was tatsächlich eine Belohnung oder eine Bestrafung ist und was nicht. Meine Schwiegereltern haben zwei Katzen. Der Kater ist ein richtiger Rabauke und schärft bevorzugt seine Krallen am Sofa, wenn jeder es sieht, und weiß dabei genau, dass er anschließend geschimpft wird. In diesem Fall ist das Schimpfen keine negative Konsequenz. Vielmehr empfindet er die Aufmerksamkeit, die er dadurch bekommt, als etwas Positives. Daher lohnt es sich bei immer wiederkehrendem Verhalten, genau hinzusehen, was tatsächlich erwünscht oder vermieden wird.

MERKE:

Wir tun Dinge oft deshalb, weil wir eine bestimmte Konsequenz erwarten. Nicht immer ist dabei offensichtlich, was Belohnung und was Bestrafung ist.

Für welche Konsequenzen wir uns entscheiden

Für die Entstehung eines Teufelskreises ist es wichtig, dass wir gelernt haben, wie wir mit unserem Verhalten bestimmte Dinge erreichen. Oft ist unser Leben aber deutlich komplexer, als wir gerne hätten. Es gibt in der Regel nicht nur eine Konsequenz, sondern viel zu viele. Positive und negative, langfristig wirksame und kurzfristig eintretende Folgen liegen dicht beieinander. Das macht es natürlich nicht unbedingt leichter. Für welche Konsequenz wir uns letzten Endes entscheiden, beeinflusst die Entstehung des Teufelskreises maßgeblich.

Schon einmal eine Diät durchgeführt und dann ein Stück Kuchen angeboten bekommen? Plötzlich liegt eine bunte Mischung aus den verschiedensten Konsequenzen vor Ihnen: Wenn Sie den Kuchen annehmen, fühlen Sie sich kurzfristig gut, weil es Ihr Lieblingskuchen ist. Zudem machen Sie der Kollegin, die den Kuchen mitgebracht hat, eine Freude. Langfristig jedoch haben Sie ein schlechtes Gewissen, dass Sie Ihre Diät nicht eingehalten haben. Sie schämen sich vielleicht sogar und nehmen obendrein noch zu. Wenn Sie ablehnen, könnten Sie also die Kollegin enttäuschen, aber die Freundin, die mit Ihnen gemeinsam die Diät macht und mit der Sie sich regelmäßig über die Erfolge austauschen, beeindrucken. Und wenn Sie erst einmal abgenommen haben, ernten Sie sicher viele Komplimente. Während all diese Gedanken in Ihrem Kopf kreisen, greifen Sie erst einmal nach dem Kuchenstück und genießen. Hungrig kann man nämlich nicht so gut Entscheidungen treffen.

Zieht ein bestimmtes Verhalten verschiedene Konsequenzen nach sich, von denen einige recht schnell und andere erst mit Verzögerung eintreten, so entscheiden wir oft danach, was unmittelbar nach dem Tun geschieht. Unser Gehirn kann kurzfristige Folgen viel besser erfassen, mögliche langfristige sind ihm zu abstrakt und zu ungewiss. Daher ist es oft so schwierig, bestimmte Vorhaben durchzuhalten, bei denen wir anfangs einen Widerstand überwinden müssen und erst viel später die Belohnung erhalten. So ist der schnelle Genuss beim Kuchenessen viel verlockender als eine deutlich später eintretende Gewichtsabnahme, wenn wir darauf verzichten. Für die Entstehung eines Teufelskreises ist diese Tatsache eine wichtige Voraussetzung. Denn oft liegt es an den kurzfristig positiven Konsequenzen, dass wir etwas tun, von dem wir wissen, dass es uns langfristig schaden wird. Wenn Sie unter Essanfällen leiden und sehr gefrustet über Ihr Gewicht sind, reicht es nicht aus zu wissen, dass Essen zur Gewichtszunahme und zur Verstärkung Ihrer Probleme führt. In dem Moment, wo Sie sehr frustriert sind und sich gerne trösten würden, ist die unmittelbar einsetzende Entspannung wichtiger als alles andere.

Kurzfristige Konsequenzen schlagen also langfristige. Doch was ist, wenn positive wie auch negative Konsequenzen gleichzeitig eintreten? Dann überwiegen die negativen. Haben Sie schon einmal ein Eichhörnchen mit einer Nuss gelockt? Manche sind ja tatsächlich sehr zahm und kommen ganz nahe, um sich die Köstlichkeit abzuholen. Aber in der Regel überwiegt die Angst, gefangen oder gar getötet zu werden, und das Eichhörnchen sucht lieber Schutz in einem Baum. Dieses Verhalten ist in unserem Überlebensprogramm und erst recht in unserem Schmerzvermeidungsprogramm eingespeichert.

MERKE:

Oft zieht ein Verhalten mehrere Konsequenzen nach sich. Kurzfristige Konsequenzen prägen unser Verhalten mehr als langfristige. Negatives zu vermeiden ist zudem wichtiger, als Positives zu erleben.

Warum das Vermeiden negativer Folgen problematisch ist

Dass wir eher einen unangenehmen Zustand vermeiden, als uns von einer Belohnung verführen zu lassen, ist eine wichtige Voraussetzung für die Entstehung eines Teufelskreises. Denn dies sorgt dafür, dass wir ein bestimmtes Verhalten aufrechterhalten, ohne über Alternativen nachzudenken. Wenn wir konsequent etwas Bestimmtes vermeiden, können wir gar nicht mehr überprüfen, ob die Gefahr, der wir gerade erfolgreich entronnen sind, in der Realität überhaupt noch existiert oder ob sie nur in unserem Kopf besteht. Viel zu oft halten unsere Befürchtungen uns davon ab, neue, korrigierende Erfahrungen zu machen.

Angenommen, ein junges Tier wird in einen Käfig gesperrt. Jedes Mal, wenn es sich zu befreien versucht und sich gegen die Tür wirft, erhält es einen Stromschlag. Irgendwann hat das Tier seine Ausbruchsversuche aufgegeben und sich mit seinem Schicksal abgefunden. Im Laufe der Zeit ist es deutlich größer und stärker geworden und könnte die Tür mittlerweile mühelos aufdrücken. Es hat aber gelernt, dass ein solcher Versuch sehr weh tut, und probiert es gar nicht mehr. Dass der Strom an der Tür schon lange abgestellt ist, wird es vermutlich nie bemerken.

Klingt grausam, oder? Und dabei haben auch wir viele Dinge als Kind gelernt, die wir nie wieder überprüfen. Wir sind praktisch in einem Käfig von Überzeugungen eingesperrt: »Bloß nicht vor anderen sprechen, sonst lachen dich alle aus« ist eine Lernerfahrung, die wir vielleicht irgendwann gemacht und dann nie wieder auf den Prüfstand gestellt haben. Oder: »Wenn du Verantwortung übernimmst, wirst du scheitern.« Da versuchen wir doch am besten gleich von vornherein, den erwarteten negativen Konsequenzen zu entgehen. Je häufiger wir nach diesem Muster agieren, desto sicherer sind wir uns, dass wir uns gerade souverän aus einer Gefahrensituation gerettet haben – und das Vermeidungsverhalten verstärkt sich.

Bei Angststörungen sind diese Mechanismen sehr gut untersucht. Beispielsweise kann es vorkommen, dass jemand, der einmal in einer Warteschlange an der Kasse eine Panikattacke bekommen hat, fortan das Einkaufen in vollen Läden vermeidet und lieber zu frequenzarmen Zeiten einkauft oder online seine Waren bestellt. Dadurch umgeht er das ungute Gefühl, an einer Kasse anzustehen, aber er hat gleichzeitig auch nicht mehr die Möglichkeit zu erfahren, dass das Stehen in einer Warteschlange nicht zwingend ein weiteres Mal zu einer Panikattacke führen muss. Die Bewertung Kasse = gefährlich wird somit aufrechterhalten und mit jedem erfolgreichen Vermeiden verstärkt. Im schlimmsten Fall breiten sich die Ängste weiter aus und die Person vermeidet im Verlauf nicht nur volle Läden, sondern auch volle Züge, Menschenansammlungen auf dem Marktplatz oder belebte Gebäude. Ist der Höhepunkt einer Agoraphobie (also der Angst vor Menschenmengen) erreicht, dann traut sich der Betroffene kaum mehr aus seinem Haus, aus Angst, in Menschenansammlungen zu geraten. Ohne eine entsprechende Behandlung verlaufen Angststörungen in der Regel chronisch und werden nur selten spontan wieder besser. Und das liegt hauptsächlich an dem konsequenten Vermeiden von unangenehmen Situationen.

MERKE:
Durch die Vermeidung können wir nicht überprüfen, ob unsere Befürchtungen tatsächlich eingetreten wären. Dies schränkt unser Verhalten ein und hält bestimmte Überzeugungen aufrecht.

Welche Rolle unsere Bewertungen spielen

Nicht nur unser Verhalten hat einen Anteil an unserer Situation. Entscheidend ist auch, wie wir über die Situation und die Folgen denken. Unsere Bewertungen führen dazu, dass wir bestimmten Konsequenzen mehr Gewicht geben als anderen. Sie sind eng mit unseren Grundüberzeugungen und unserem Selbstbild verknüpft. In der Beratung und Therapie zeigt sich oft sehr deutlich, wie unterschiedlich Menschen auf bestimmte Situationen reagieren. Die Aussicht, bei einem Rollenspiel mitzumachen oder in der Gruppe ein Thema anzusprechen, kann bei dem einen freudige Erwartung und Neugierde hervorrufen, beim anderen wird dies eher zu Abwehr und Weglauftendenzen führen. Offensichtlich bestimmen nicht nur die äußeren Gegebenheiten unser Verhalten, sondern vielmehr das, was in unserem Kopf abläuft. Unsere Annahmen über die Gefährlichkeit der Situation, über unsere Fähigkeiten, die Situation zu meistern, und über die Auswirkungen unseres Verhaltens beeinflussen unsere Entscheidungen maßgeblich. Wie sehr, zeigt das folgende Beispiel:

Eine Patientin berichtete mir, dass sie nicht mehr am sozialen Kompetenztraining teilnehmen werde, da sie bei der letzten Trainingseinheit eine Panikattacke bekommen hatte. Mir und auch der Patientin war nicht auf Anhieb erklärbar, warum sie in dieser Situation mit lauter vertrauten und eher wohlwollenden Personen um sich so heftig reagiert hatte. So langsam kamen wir auf die Ursache: Es bestand ein großer innerer Druck, sich auf keinen Fall zu blamieren. Die Grundüberzeugung dahinter war »Ich muss es so gut wie möglich machen«. Ereignisse aus der Vergangenheit, in der sie bei einem Referat einmal sehr schlecht abgeschnitten und sich beschämt gefühlt hatte, und Erinnerungen an ihre Mutter, der Leistung sehr wichtig war und die bei schlechten Noten nicht etwa schimpfte, sondern sich enttäuscht und gekränkt zurückzog, hatten sich bei der Patientin tief eingeprägt. Sie hatte für sich folgende Leitsätze verinnerlicht: »Ich darf keine Fehler machen und mich nicht blamieren« und »Ich bin unfähig, selbst wenn ich mich anstrenge«. Beides führte zu einem enormen Perfektionismus. Für die Patientin wäre ein Fehler im Rollenspiel unerträglich gewesen. Vor diesem Hintergrund war nun für uns beide verständlich, warum es zu einer Panikattacke gekommen war.

MERKE:

Unsere Bewertungen und Annahmen haben einen entscheidenden Einfluss auf die Gewichtung der Konsequenzen. Sie sind eng mit unserem Selbstbild und unseren Grundüberzeugungen verknüpft.

Und nun zeige ich Ihnen, wie aus diesen vier Komponenten ein Teufelskreis entstehen kann: Durch frühere Lernerfahrungen erwarten wir bestimmte Konsequenzen. Durch unsere Einschätzung der Situation und durch die Erwartung der möglichen Folgen entwickelt sich für uns ein Problem, das wir beheben möchten. Wenn wir bestimmte Konsequenzen deutlich überbewerten und nachfolgend bestimmte Dinge vermeiden, schränkt sich unser Verhaltensrepertoire immer weiter ein. Führt dieses Verhalten zwar kurzfristig zu einer Verbesserung, aber langfristig zu einer Zunahme des Problems, so kommt es zu einem Teufelskreis, aus dem es nur schwer einen Ausweg gibt. Zu kompliziert? Durch das nächste Beispiel wird es etwas verständlicher:

Kathrin kam zur Behandlung einer Binge-Eating-Störung in die Klinik. Dies ist eine Essstörung, in der es regelmäßig zu Essanfällen kommt und dadurch meist zu immer stärkerer Gewichtszunahme. Als Kathrin die Behandlung begann, wog sie 139 Kilogramm und ihre Fettleibigkeit hatte sich bereits deutlich auf ihren Selbstwert ausgewirkt. In der Behandlung konnte sie folgenden Teufelskreis erarbeiten: Frust, Wut und Enttäuschung führten zu einer starken Anspannung, die sie nur durch Essen lösen konnte. Während des Essens kam es zu einem regelmäßigen Kontrollverlust. Das Bedürfnis, ihre Gefühle zu betäuben, war so stark, dass sie erst dann aufhören konnte, wenn entweder nichts mehr da war oder ihr übel wurde. Anschließend, wenn ihr bewusst wurde, was sie getan hatte, fühlte sie sich elend und schuldig und war so wütend auf sich selbst, dass sie am liebsten gleich von Neuem begonnen hätte zu essen. Verstärkend kam außerdem hinzu, dass durch ihr zunehmendes

Übergewicht der Selbsthass immer größer wurde und das Bedürfnis, getröstet zu werden und diese negativen Gedanken abschalten zu können, immer häufiger auftrat. Ein klassischer Teufelskreis, der mit jeder Umdrehung die Schlinge weiter zuzog.

Kathrin hatte ein bestimmtes Verhalten erlernt. Bereits als Kind hatte sie erfahren, dass Süßigkeiten ein wunderbares Frustschutzmittel sind und hervorragend trösten können. Daher hatte sie sich angewöhnt, bei Anspannung zu Süßigkeiten zu greifen. Dieses Verhalten hatte aber mehrere unterschiedliche Auswirkungen. Die unmittelbar einsetzende Konsequenz war, dass während des Essens die trüben Ge-

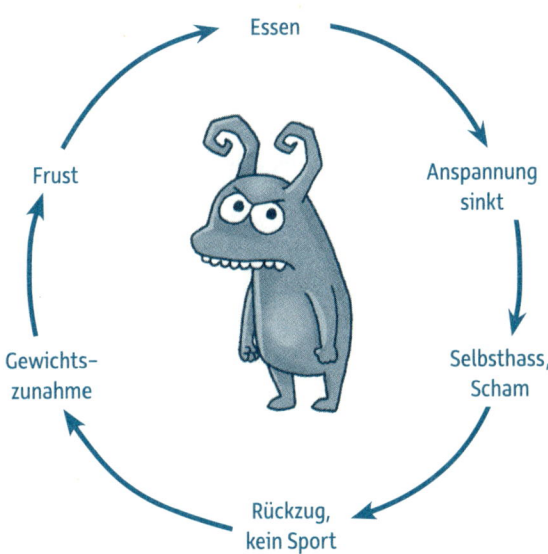

danken und die Anspannung verschwanden und sie sich gut fühlte. Diese kurzfristige positive Folge bestimmte ihr Verhalten. Danach aber machten sich regelmäßig die negativen Folgen bemerkbar: Schuldgefühle, Scham, Selbsthass und Selbstvorwürfe. Diese entstanden insbesondere durch Kathrins Bewertungen. Sie hasste ihre Figur, empfand sich als undiszipliniert, ekelhaft und nicht liebenswert und verließ kaum noch das Haus. Dadurch, dass sie es vermied, sich mit Freunden zu treffen oder auszugehen, konnte sie weder Trost noch Zuspruch finden und auch ihre Überzeugung, kein liebenswerter Mensch zu sein, nicht korrigieren. Sportliche Betätigung war kaum mehr bzw. nur noch unter Schmerzen möglich, und alternative Strategien zur Entspannung und zum Stressabbau schien es nicht zu geben. So blieb irgendwann nur noch das Essen.

Die Stellschrauben des Saboteurs im Teufelskreis

Wie Sie nun gesehen haben, kann so ein Teufelskreis ganz von alleine durch eine Verkettung unglücklicher Umstände und Lernerfahrungen entstehen. Wir bräuchten dazu noch nicht einmal einen Saboteur. Und doch hat der Saboteur sehr häufig seine Hände mit im Spiel. Vor allem dann wird er aktiv, wenn wir uns selbst nicht ganz so sicher sind, was wir eigentlich wollen.

Was motiviert uns und was ist uns wirklich wichtig? Die Verhaltenstherapie hat dafür den Begriff *Oberplan* geprägt. Oberpläne sind bestimmte verinnerlichte Überzeugungen und Ziele, die es zu erreichen und zu erfüllen gilt. Aus diesen Oberplänen speisen sich unsere Erwartungen und Befürchtungen und daher haben sie einen entscheidenden Einfluss darauf, was wir erstrebenswert finden und was vermieden werden muss. Wir haben unsere Oberpläne in der Kindheit erworben, etwa durch bestimmte Regeln und Erziehungssätze, die wir immer wieder gehört und dann verinnerlicht haben. Oder durch negative Erfahrungen, die wir gemacht haben.

Wenn Sie z. B. den Oberplan haben, dass Sie ein guter Arbeitnehmer sein müssen und mindestens 150 Prozent geben sollten, so werden Sie viele Überstunden machen und immer mehr Leistung bringen. Sie befürchten, dass Ihr Chef von Ihnen enttäuscht sein könnte und vielleicht sogar über eine Kündigung nachdenkt, wenn Sie nicht zu seiner vollsten Zufriedenheit arbeiten. Und Sie träumen von einer Beförderung und Glück und Reichtum, wenn Sie Ihre Tätigkeiten gut erledigen.

Oder Ihr Oberplan ist es, eine gute und liebevolle Mutter zu sein. Dann werden Sie vermutlich viel Zeit mit Ihrem Kind verbringen und es bestmöglich fördern wollen. Sie erhoffen sich davon ein glückliches Kind und Bestätigung oder Bewunderung durch andere Mütter. Außerdem fürchten Sie, dass Ihr Kind darunter leiden könnte, wenn Sie nicht ausreichend für seine Sorgen da sind.

Ein Problem gibt es vor allem dann, wenn sich zwei Oberpläne widersprechen, aber gleichzeitig und gleichwertig nebeneinander existieren. Sie können nun mal nicht zur gleichen Zeit 150 Prozent an Ihrem Arbeitsplatz geben und 150 Prozent für Ihr Kind da sein. Denn dummerweise hat ein

Tag nur 24 Stunden und das Klonen von Menschen ist auch noch nicht gebräuchlich. Einer der Oberpläne (oder sogar beide) wird also nicht erfüllt werden können. Und dies ist gefundenes Fressen für den Saboteur.

Ihr Saboteur kennt die ganzen Mechanismen der Belohnung und Bestrafung, der Selbstbestätigung und Selbstverachtung sowie die Oberpläne und Erwartungen wie seine eigene Hosentasche. Sein Trick ist es, diejenigen Oberpläne zu verstärken, die zu bestimmten Befürchtungen und einem Verhalten führen, das immer weniger Optionen übrig lässt. Zum Beispiel kann der Oberplan »Ich muss immer perfekte Leistung bringen« dazu führen, dass Sie sich immer mehr anstrengen, diesem Vorsatz gerecht zu werden, und dabei andere wichtige, den Selbstwert stärkende Lebensbereiche vernachlässigen. Die Befürchtung, was passieren könnte, wenn die Leistung nicht ausreichend ist, wird dabei nie überprüft, da Sie ja durch hohe Leistung vermeiden, je in diese Situation zu kommen. Und gleichzeitig wird die Bestätigung durch Leistung immer wichtiger, weil es immer weniger Lebensbereiche gibt, die zu Bestätigung führen. Nach und nach kommt es dann zu einer körperlichen oder geistigen Überforderung und erste Fehler treten ein, die sofort durch noch mehr Leistung kompensiert werden müssen (denn wie gesagt, es dürfen keine Fehler auftreten). Der Saboteur verstärkt die Befürchtungen durch Horrorszenarien und flüstert Ihnen ein, dass Sie einfach unfähig sind. Irgendwann empfinden Sie sich selbst als unzulänglich. An eine berufliche Umorientierung ist jedoch nicht zu denken, denn wer würde Sie überhaupt noch einstellen? Und Kraft und Zeit für eine Stellensuche haben Sie sowieso nicht mehr.

Also müssen Sie in dieser Arbeitssituation bleiben und mit immer mehr Kraftaufwand und immer weniger Regenerationsmöglichkeit Bestleistungen bringen. So lange, bis Sie zusammenbrechen.

MERKE:

Der Saboteur tritt dann in Aktion, wenn es unterschiedliche Oberpläne gibt. Es kommt dann oft zu Teufelskreisen, die sich selbst verstärken.

FRAGEN ZUR SELBSTREFLEXION
- Wo habe ich in der letzten Woche Dinge getan, weil ich mir etwas Positives davon erhofft habe? Wo hätte ich gerne etwas vermieden, habe es aber in Erwartung von negativen Konsequenzen dann doch getan?
- Welche Strafen und Belohnungen gab es in meiner Kindheit? Wofür wurde ich gelobt oder getadelt?
- Welche Grundüberzeugungen bezüglich der eigenen Kompetenzen habe ich schon lange nicht mehr überprüft?
- Was mache ich regelmäßig, um negative Folgen zu vermeiden? Bestehen diese Konsequenzen wirklich noch?
- Auf welche Konsequenzen lege ich besonderes Gewicht?
- Gibt es widersprüchliche Oberpläne, die manchmal in Konflikt miteinander geraten?

ÜBUNGEN
1. Überprüfen Sie diese Woche mindestens zwei Grundannahmen.
2. Versuchen Sie diese Woche gezielt, Vermeidungsverhalten abzubauen, und probieren Sie etwas aus, das Sie noch nie oder schon lange nicht mehr getan haben.
3. Machen Sie sich bei Ihrem Verhalten langfristige und kurzfristige Konsequenzen bewusst.

AUF DEN PUNKT GEBRACHT

Ein Teufelskreis entsteht, wenn wir ein bestimmtes Verhalten erlernt haben. Unser Handeln wird dabei geprägt durch positive und negative Konsequenzen. Wenn eine Aktion uns kurzfristig Erleichterung und ein gutes Gefühl verschafft, werden wir häufiger so handeln, selbst wenn dies langfristig das ursprüngliche Problem verstärkt. Unsere Erwartungen spielen zudem eine große Rolle bei der Entstehung eines Teufelskreises. Wenn wir mit einer negativen Konsequenz auf eine bestimmte Handlung rechnen und sie daher unterlassen, werden wir nie erfahren, dass unsere Annahme falsch war. Langfristig führt dies dazu, dass wir immer weniger Handlungsmöglichkeiten haben.

Besonders anfällig für Selbstsabotage sind wir, wenn wir uns zwischen mehreren Optionen entscheiden müssen, gerne aber alles auf einmal hätten. Unsere Grundüberzeugungen und Ziele werden in der Verhaltenstherapie Oberpläne genannt. Sie bestimmen, was wir für erstrebenswert halten und was wir auf jeden Fall vermeiden möchten. Haben wir mehrere Oberpläne, die zueinander in Widerspruch stehen, so wird unser Saboteur aktiv.

TEIL II

DIE HANDSCHRIFT DES SABOTEURS

KAPITEL 4:
DER BEZIEHUNGSZERSTÖRER

★ ★ ★

Im Unterschlupf des Saboteurs herrschte Chaos. Wütend und aufgescheucht lief er hin und her und warf wahllos Gegenstände an die Wand. Wie konnte dieser Obermufti es wagen? Wie konnte die gesamte kognitive Regierung so blind und engstirnig sein? Siebenundzwanzig gescheiterte Beziehungen hatte sein Mensch nun hinter sich. Siebenundzwanzig. Jede einzelne war in einem Desaster geendet und hatte seinen Menschen zutiefst verzweifelt zurückgelassen. Und nun hatte dieser sogenannte Gedankenminister erneut das Projekt Beziehungsanbahnung initiiert. Als ob bei Nummer achtundzwanzig plötzlich alles anders wäre. Mit einem Pling-Pling-Pling flog eine ganze Batterie von Stiften in die Ecke.

Schwer atmend hielt der Saboteur inne. Die nächste Beziehung musste schon im Keim erstickt werden. Am besten wäre es, wenn gleich das erste Date schiefginge. Dies könnte sein Mensch sicher besser verkraften, als wenn er vor den Trümmern einer mehrmonatigen Partnerschaft stünde, in die er schon viel Vertrauen und Hoffnung investiert hatte. Wenn gleich das erste Treffen im Sand verlaufen würde, dann wäre es zwar eine Enttäuschung, aber nicht gleich ein Weltuntergang. Er hatte auch schon eine Idee, wie er eingreifen könnte. Aber er musste vorsichtig vorgehen. Ein Teil der kognitiven Regierung war bereits auf ihn aufmerksam geworden. Es war daher wichtig, jeden einzelnen Schritt gut zu überlegen und exakt zu planen.

Der Saboteur seufzte tief. Dieser Job war wirklich kein Zuckerschlecken. Aber einer musste ihn ja machen.

Jeder Mensch hat eine ganz individuelle Lebensgeschichte und daher auch einen unverwechselbaren, einzigartigen Saboteur. Und doch gibt es unter den Saboteuren bestimmte Typen, die häufiger vorkommen als andere. Um die Handschrift Ihres eigenen Saboteurs besser erkennen zu können, stelle ich Ihnen daher einige typische Sabotagemuster vor.

Im zwischenmenschlichen Bereich kann sich der Saboteur hervorragend austoben. Oft existieren hier widersprüchliche Oberpläne, wie etwa der Wunsch nach Unabhängigkeit und Autonomie auf der einen Seite und das Bedürfnis nach Liebe und Versorgung auf der anderen Seite. Ich zeige Ihnen anhand von zwei Beispielen, wie unterschiedlich der Saboteur handeln kann, und erkläre anschließend die häufigsten Strategien, die er im Umgang mit anderen Menschen anwendet.

Die Beispiele, die ich zur Verdeutlichung heranziehe, sind zwar von meiner therapeutischen Arbeit inspiriert und hätten so oder zumindest so ähnlich stattfinden können. In Wirklichkeit sind sie aber frei erfunden und erzählen nicht von einer realen Person. Sagen wir eher, es handelt sich jeweils um den gemeinsamen Nenner vieler verschiedener Patientengeschichten.

Beispiel 1: Die böse Chefin

Susanne litt unter einer Erschöpfungsdepression, die vielfach auch als Burnout bezeichnet wird. Sie beklagte berufliche Probleme, unter anderem Konflikte mit ihrer Chefin und Mobbing durch die Kollegen. Immer wieder war sie an Menschen geraten, die sie verletzt hatten. Mehrere Jobs hatte sie im Laufe ihres Lebens hingeschmissen, da sie für sie zur Qual geworden waren. All die Kränkungen, die sie am Arbeitsplatz erlebt hatte, schilderte sie in den Therapiegesprächen ausführlich. Sie konnte sich nicht erklären, warum sie immer wieder solch ein Pech hatte. Bei den Mitpatienten war Susanne aufgrund ihrer hilfsbereiten Art beliebt. Sie baten sie häufig um Unterstützung oder suchten bei ihr Trost. Die positiven Rückmeldungen der Mitpatienten bestätigten sie in ihrer Überzeugung, dass die Konflikte am Arbeitsplatz nicht an ihr gelegen haben konnten.

Eine Übung in der Sozialtherapiegruppe brachte dann wichtige Erkenntnisse für die Patientin: In einem Rollenspiel stellte Susanne ein Gespräch mit ihrer Chefin nach. Die Mitpatientin, die die Rolle der Chefin übernommen hatte, war am Ende des Rollenspiels sehr verwundert über sich selbst. Sie hatte sich nämlich im Gespräch dazu hinreißen lassen, unangenehm laut und fordernd zu werden, eine Eigenschaft, die sie an sich gar nicht kannte und normalerweise ablehnte. Anschließend wurden die Rollen getauscht und Susanne spielte nun die Chefin, während die Mitpatientin die Arbeitnehmerrolle einnahm und versuchte, das Verhalten von Susanne und ihre Worte aus dem ersten Rollenspiel nachzuahmen. Und wieder war das Ergebnis dasselbe: eine herrische und laute Chefin und eine eingeschüchterte Mitarbeiterin. Susanne berichtete anschließend, dass sie sich in der Chefrolle immer mehr über die unterwürfige und gleichzeitig misstrauisch-verschlossene Art ihrer Rollenspiel-Partnerin geärgert hatte. Je zurückhaltender diese wurde, desto aggressiver und lauter war sie selbst geworden.

Mit diesem Rollenspiel wurde Susanne erstmals klar, dass die häufigen Konflikte nicht nur an ihren Mitmenschen, sondern auch an ihrem eigenen Verhalten lagen. Sie konnte erkennen, dass sie in der Kommunikation mit ihrer Chefin durch Körperhaltung, Tonfall und Blickkontakt eine deutliche Ablehnung und Distanziertheit ausgestrahlt hatte. In Kombination mit einem bewusst höflichen Tonfall ergab dies das Bild einer passiv-aggressiven Haltung, die beim Gegenüber häufig zu Verärgerung führt.

MERKE:
Kommunikation besteht immer aus dem, was gesagt, und dem, was meist unbewusst übermittelt wird (Körperhaltung, Mimik und Gestik). Passen diese beiden Elemente nicht zusammen, reagiert das Gegenüber hauptsächlich auf das nonverbal Vermittelte.

Der Sabotagemechanismus von Susanne

Susanne hatte als Kind eines gewalttätigen Vaters erlebt, dass Menschen, von denen sie abhängig ist, ihre Macht nutzen, um ihr zu schaden. Wenn sie ihrem Vater widersprechen wollte, so hatte dieser sie regelmäßig beschimpft oder geschlagen. Sie hatte dadurch gelernt, dass sie verbale oder körperliche Gewalt vermeiden konnte, wenn sie Konflikten aus dem Weg ging. Die schlechte Erfahrung mit dem Vater hatte sie auf vergleichbare Situationen übertragen. Jedes Mal, wenn sie sich weniger mächtig als ihr Gegenüber oder sich ihm ausgeliefert fühlte, so zum Beispiel gegenüber Behörden, Vorgesetzten oder anderen Autoritäten, zeigte sie ein vorsichtiges und fast schon unterwürfiges Verhalten. Besonders in Meinungsverschiedenheiten mit ihrer Chefin lenkte sie immer vorschnell ein. Kurzfristig konnte sie dadurch Konflikte vermeiden, also war die unmittelbare Konsequenz positiv und verstärkte das Verhalten. Langfristig aber wuchs ihr Ärger, und ihre Überzeugung, immer am kürzeren Hebel zu sitzen, nahm zu.

Durch das fortgesetzte Vermeiden von Konflikten konnte Susanne auch keine neuen Erkenntnisse gewinnen. Sie hatte nie die Erfahrung gemacht, dass sich Konflikte auch gut und konstruktiv lösen lassen, ohne gleich zu eskalieren. Auch hatte sie nie ihre Durchsetzungsfähigkeit und innere Stärke testen und anwenden können. Und auch die Meinung, dass ihre Chefin sie bei Widerspruch sofort kündigen würde, konnte sie so nicht revidieren. Als Folge hatte Susanne immer mehr das Gefühl, einer Auseinandersetzung mit ihrer Chefin nicht gewachsen zu sein, und war umso mehr bemüht, jeglichen Streit zu vermeiden. Der Teufelskreis war perfekt.

Ihr Saboteur unterstützte diesen Teufelskreis tatkräftig, denn Susanne befand sich zudem in einem Widerstreit von zwei Oberplänen. Sie hatte sich geschworen, nie so aggressiv zu werden wie ihr Vater. Gleichzeitig wollte sie ihren Missmut darüber, dass sie ungerecht behandelt oder übergangen wurde, zu erkennen geben. Da wir vor allem das wahrnehmen, was unserer Überzeugung entspricht, bemerkte es Susanne sofort, wenn sie einmal nicht von ihrer Chefin gegrüßt wurde, und bezog dies direkt auf sich. Ihr Saboteur musste nur noch nach Bedarf entweder die eine Seite (»sie ist gemein zu dir«) oder die andere Seite (»werde bloß nicht wütend«) verstärken. Das Ergebnis war ein klassisches passiv-aggressives Verhaltensmuster, eine beeindruckende Mischung aus Ärger, der aber nur nonverbal zum Ausdruck kam, und einer sehr höflichen und distanzierten Wortwahl. Eine solche Diskrepanz führt beim Gegenüber zu Irritationen. Und so kam es immer wieder zu Auseinandersetzungen mit der Chefin, die Susanne doch eigentlich vermeiden wollte.

Klassische Zwickmühlen, die ein passiv-aggressives Muster auslösen, sind:

- Mir wird übel mitgespielt, aber ich darf mich nicht wehren.
- Ich bin unfähig, für mich zu sorgen, aber so kann es nicht weitergehen.
- Egal was ich tue, es wird mir schaden.
- Ich muss zu allen nett sein, aber ich darf mich auch nicht ausnutzen lassen.

Beispiel 2: Pech in der Liebe

Melanie ist eine freundliche und herzliche Frau, die sich sehr um andere kümmert. Dennoch scheiterten ihre Beziehungen immer wieder. Freundschaften schliefen ein, und in der Liebe hatte sie ständig Pech. Immer geriet sie an die falschen Männer. Fünf der acht Partnerschaften beendete sie, da ihr Partner fremdgegangen war. Drei Mal machten ihre Partner abrupt und ohne eine richtige Erklärung Schluss. Da Melanies Wunsch nach einer Partnerschaft immer größer wurde, achtete sie sehr darauf, attraktiv auszusehen und den Männern zu gefallen. Daher konnte sie sich nicht erklären, warum andere Erfolg in der Liebe hatten, aber sie selbst nicht, obwohl sie doch alles dafür tat. Sie fragte sich und andere immer wieder, was sie denn falsch mache. Erst in einer intensiven Auseinandersetzung mit sich selbst und nach einigen zwar schmerzhaften, aber doch auch hilfreichen Bemerkungen von anderen konnte sie ein bestimmtes Verhaltensmuster identifizieren: Um gesehen zu werden, hatte sie Kontaktanzeigen aufgegeben und ging in die Disco. So kam es zu Flirts, bei denen sie sich begehrt fühlte. Besonders anziehend fand sie vor allem Männer, die eher kühl und distanziert wirkten. Um diesen zu imponieren und sie zu erobern, gab sie sich ebenfalls unabhängig und betont distanziert. Ohne dass es ihr bewusst war, zog sie so hauptsächlich Männer an, die das Umwerben in erster Linie als ein Spiel betrachteten und an einer langfristigen Verbindung gar nicht interessiert waren. Kein Wunder, dass alle ihre Beziehungen nur von kurzer Dauer waren.

Der Sabotagemechanismus von Melanie

In ihrer Kindheit hatte Melanie in Gesprächen zwischen ihrer Großmutter und ihrer Mutter mitbekommen, dass man Männern nicht trauen kann und dass sie die Frauen nur ausnutzen. Viel zu oft hatte sie Geschichten von betrogenen und verlassenen Ehefrauen gehört. So hatte sich in ihr ein überwiegend negatives Männerbild entwickelt. Zudem war die Ehe der Eltern zwar nach außen hin harmonisch, aber in Wirklichkeit von Konflikten geprägt, die ihr nicht verborgen blieben. Obwohl die Mutter unglücklich in der Ehe war, hielten sie der soziale Status und keine eigene Einkommensquelle davon ab, sich von ihrem Mann zu trennen. Melanie hatte daher zusätzlich gespeichert, dass man sich nicht von Männern finanziell abhängig machen sollte. So entstanden nach und nach widersprüchliche Bedürfnisse. Auf der einen Seite wollte sie begehrt, geliebt und umsorgt werden, auf der anderen Seite wollte sie eigenständig bleiben.

Diese Lernerfahrungen aus der Kindheit prägten die Partnersuche in zweierlei Hinsicht: Zum einen strahlte sie bei der Kontaktanbahnung eine Unverbindlichkeit aus, die vor allem Männer anzog, die weniger eine tiefer gehende, ehrliche Beziehung suchten als das sexuelle Abenteuer. Zum anderen fühlte sie sich genau von diesen Männern angezogen. So kam es, dass sie immer wieder in Beziehungen landete, die nicht von Dauer waren. Mit jeder gescheiterten Beziehung verstärkte sich Melanies Überzeugung, dass sie Männern nicht vertrauen könne. Und in jeder Singlephase wuchs der Wunsch nach einem stabilen und verlässlichen Partner. Erst als Melanie sich über die dahinterliegende Grundüberzeugung (»Männer nutzen dich aus und schaden dir. Du darfst dich weder emotional noch finanziell von ihnen abhängig machen.«) im Klaren war und diese gezielt in einer Therapie bearbeiten konnte, wurde es ihr möglich, sich für neue und bessere Beziehungserfahrungen zu öffnen.

Klassische Zwickmühlen, die zu einer nicht stabilen Beziehung führen, sind:
- Ich brauche jemanden, der mir das Gefühl gibt, liebenswert zu sein, aber ich darf mich nicht abhängig machen.
- Ich will unabhängig sein, aber ich will auch umsorgt und umworben werden.
- Ich will einem Partner alle Wünsche von den Augen ablesen, aber ich will nicht ausgenutzt werden.
- Ich will eine ehrliche Beziehung auf Augenhöhe, aber ich will keine meiner Schwächen zeigen.

Wie das eigene Verhalten erwidert wird

In Beziehungsangelegenheiten hat unser innerer Saboteur ein leichtes Spiel, er muss nur unsere Grundüberzeugungen verstärken, der Rest ergibt sich dann fast von alleine. Um zwischenmenschliches Verhalten erklärbar zu machen, hatte Donald Kiesler in den 1980er-Jahren das sogenannte *Circumplex-Modell* entwickelt, besser bekannt auch als *Kiesler-Kreis*. Damit konnte er auf sehr einfache Weise aufzeigen, warum ein Gegenüber so reagiert, wie es reagiert. Der Kiesler-Kreis hat zwei Achsen: Auf der horizontalen Linie befindet sich die Achse Freundlichkeit-Feindseligkeit und auf der vertikalen Linie die Achse Dominanz-Unterwürfigkeit.

Nach Donald Kiesler reagieren Menschen in der Regel

freundlich, wenn man ihnen freundlich begegnet, und feindselig, wenn sie selbst feindselig behandelt werden. Ähnlich wie bei einem Spiegel wird also auf der Freundlichkeit-Feindseligkeit-Achse das eigene Verhalten widergespiegelt. Dabei spürt das Gegenüber meistens sehr gut, ob das freundliche Verhalten ernst gemeint oder nur vorgespielt ist, und reagiert entsprechend.

Anders verhält es sich mit der zweiten Achse, die Dominanz und Unterwürfigkeit abbildet. Hier ist es nicht wie bei einem Spiegel, sondern eher wie auf einer Wippe: Wenn der eine unten ist, ist der andere oben. Ein zurückhaltendes

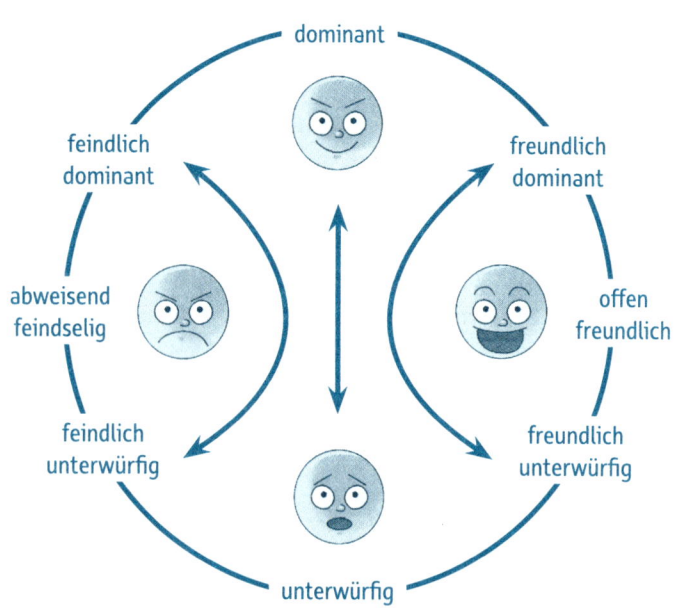

und eher passives Verhalten führt in der Regel dazu, dass der andere die Initiative übernimmt und aktiv wird. Je unterwürfiger Sie werden, desto dominanter wird der andere. Wenn Sie jemanden anflehen, Ihnen zu helfen, wird er vermutlich Ratschläge geben und die Führung übernehmen. Je energischer Sie selbst auftreten, um Dinge zu organisieren, desto wahrscheinlicher ist es, dass Ihr Team Sie machen lässt und darauf vertraut, dass Sie schon wissen, was Sie tun.

MERKE:

Freundlichkeit und Feindseligkeit werden normalerweise zurückgespiegelt. Dominanz führt dagegen eher zu Unterwerfung und umgekehrt.

In der Praxis bedeutet das: Welches Verhalten nehme ich bei anderen wahr? Wie möchte ich, dass man sich mir gegenüber verhält? Wenn ich bemerke, dass andere sich mir gegenüber misstrauisch und zurückhaltend verhalten (feindselig-unterwürfig), sollte ich mir Gedanken machen, ob ich vielleicht zu dominant und dabei abwehrend aufgetreten bin. Möchte ich, dass man mir hilft (= freundlich-dominant), sollte ich mich offen und eher hilfesuchend zeigen und dabei freundlich lächeln.

Klassische Sabotagestrategien in Beziehungen

Der Beziehungszerstörer hat ein großes Repertoire an Mitteln, um Beziehungen zu verunmöglichen. Folgende Strategien führen dazu, sich in sozialen Kontakten übergangen und minderwertig zu fühlen:

Die *Verzögerungsstrategie*: Eine sehr geschickte Technik des Saboteurs, denn mit dieser ist man immer der Unschuldige. Bestimmte Entscheidungen, die mehrere Menschen betreffen, werden so lange aufgeschoben, bis jemand anderes die Initiative ergreift und die Planung in die Hand nimmt. Man selbst kann sich nun übergangen und bevormundet fühlen und gleichzeitig nach Herzenslust schimpfen, wenn die Entscheidung nicht optimal war. Beispiel: gemeinsame Urlaubs- oder Finanzplanung.

Die *Meinungsumfragestrategie*: Bevor man seine eigene Meinung sagt, wartet man erst mal ab, was der andere gerne möchte: »Was wäre dir denn lieber?« Dass die Meinung des anderen aber nicht exakt der eigenen Meinung entspricht, zeigt sich unbewusst in Tonlage und Gesichtsausdruck. Auf diese nonverbalen Signale reagiert das Gegenüber irritiert und gereizt und wird seine Haltung noch vehementer verteidigen.

Die *Wunscherfüllungsstrategie*: Im Versuch, die Bedürfnisse des anderen zu erahnen und vorwegzunehmen, wird das Gegenüber sich unwohl fühlen, ohne es genauer definieren zu können. In den meisten Fällen wird es sich eher zurückziehen und vielleicht abgrenzen. Man selbst fühlt sich dann zurückgewiesen und nicht angemessen wertgeschätzt.

Der Saboteur hat aber auch Strategien, die bewirken, dass man sich von anderen ausgenutzt und abgelehnt fühlt:

Die *Immer-ich-Strategie*: Oft brauchen Menschen eine gewisse Zeit, um sich eine Meinung zu bilden. Anwender der Immer-ich-Strategie sind sehr schnell darin, Ideen einzubringen, von denen sie überzeugt und begeistert sind. Sie erhoffen sich dadurch endlich einmal Anerkennung und Respekt. Das Gegenüber jedoch fühlt sich gelegentlich überrumpelt und bringt sich selbst nicht mehr so motiviert ein. Dies führt dazu, dass die Immer-ich-Menschen immer mehr Projekte übertragen bekommen und sich irgendwann ausgenutzt fühlen.

Die *Ich-kann's-besser-Strategie*: Sie ist sehr ähnlich zur Immer-ich-Strategie und lässt sich mit dieser ideal verknüpfen. Durch bestimmte und klare Vorstellungen, wie etwas getan werden sollte und wie das Ergebnis aussehen sollte, kommt es nach und nach dazu, dass das Gegenüber sich zurückzieht und Sie machen lässt. Das Ergebnis ist genau wie oben, eine zunehmende Ansammlung von verschiedenen Aufgaben und das Gefühl, ausgenutzt zu werden.

Die *Ich-muss-mich-wehren-Strategie*: Eine sehr ausgeklügelte und wirkungsvolle Strategie. Der Saboteur gibt einem das Gefühl, immer zu nachgiebig zu sein und nie »Nein« zu sagen. Irgendwann ist das Fass übergelaufen und man reagiert sehr vehement auf einen Kommentar oder eine Bitte. Dies führt zu einer Distanzierung des anderen.

FRAGEN ZUR SELBSTREFLEXION
- Gibt es viele gescheiterte Beziehungen in meinem Leben?
- Wurde ich schon mehrfach von Menschen enttäuscht?
- Verhalten die Menschen sich mir gegenüber eher freundlich oder eher zurückhaltend?
- Bin immer ich derjenige, auf den sich alle verlassen (dominant)? Oder werden mir eher alle Entscheidungen abgenommen und ich kann mich dann nur noch fügen (unterwürfig)?
- Gibt es bestimmte Menschengruppen, mit denen ich immer wieder Probleme habe? Wie verhalten sich diese? Wie verhalte ich mich gegenüber diesen Menschen? Was würde ich in meinem Innersten am liebsten mit diesen Menschen machen? Und strahle ich das irgendwie nach außen aus?

ÜBUNGEN
1. Versuchen Sie, wenn möglich, in die Rolle des anderen zu schlüpfen oder sich in diesen hineinzudenken. Was würden Sie an seiner Stelle wahrnehmen? Wie würden Sie reagieren?
2. Machen Sie sich klar, dass unbewusste Annahmen Ihr Verhalten beeinflussen und es so zu einer selbsterfüllenden Prophezeiung kommen kann.
3. Bitten Sie andere um ein ehrliches Feedback, wie Ihr Verhalten auf sie wirkt.

AUF DEN PUNKT GEBRACHT
Der Beziehungszerstörer sabotiert unsere Beziehungen, indem er zu selbsterfüllenden Prophezeiungen greift. Unsere Erwartungen, wie der andere reagieren wird, zeigen sich unbewusst in unserer Mimik, Körperhaltung und Stimmlage. Das Gegenüber reagiert auf die uns nicht bewusste Diskrepanz zwischen dem, was wir sagen, und dem, was wir ausstrahlen.

Die Reaktion unseres Gegenübers lässt Rückschlüsse auf unsere Ausstrahlung zu, dabei gilt: Freundlichkeit spiegelt Freundlichkeit, Dominanz mündet in Unterwürfigkeit. Unsere Einstellungen und unsere inneren Zwickmühlen führen oft dazu, dass wir in Wirklichkeit etwas ganz anderes ausstrahlen, als wir vermuten. Um den Beziehungssaboteur zu erkennen, brauchen wir gutes und ehrliches Feedback von außen oder die Möglichkeit eines Rollenwechsels.

Häufig tritt der Saboteur dann in Aktion, wenn unterschiedliche Oberpläne vorliegen, z. B. das Bedürfnis nach Nähe und gleichzeitig der Wunsch nach Unabhängigkeit. Wenn Ihnen bewusst ist, dass das Verhalten des anderen so gut wie immer mit Ihnen und Ihren unbewussten Wünschen zu tun hat, dann haben Sie schon einen wichtigen Schritt im Kampf gegen den Beziehungszerstörer geschafft.

KAPITEL 5:
DER ERFOLGSVERHINDERER

★ ★ ★

Der Obermufti schaute verwundert von der Arbeit auf, als die Tür zu seinem Zimmer mit einem Ruck geöffnet wurde. »Sholmes«, begrüßte er den Besucher, »was kann ich für Sie tun?« – »Er war es, Eure Exzellenz. Ich sage Ihnen, er ist dafür verantwortlich, dass unser Mensch dieses Projekt nicht bekommen hat.« – »Wer? Der Saboteur? Sholmes, ich glaube, Sie sehen überall nur noch Saboteure. Dass er das Projekt nicht bekommen hat, lag doch an etwas ganz anderem. Es war einfach nur Pech, dass die Mail, in der sich unser Mensch über seine Arbeit und die Unfähigkeit seines Chefs ausgelassen hat, nicht beim Kollegen, sondern irrtümlich bei seinem Vorgesetzten gelandet ist. Hätte in dem Moment des Sendens nicht das Telefon geklingelt, dann wäre das gar nicht passiert.« – »Ich bin mir aber sicher, dass der Saboteur seine Finger mit im Spiel hatte. Er hat diesen Moment der Unachtsamkeit genutzt und die Mail an den Chef adressiert. Eure Exzellenz, ich bin mir da ganz sicher.« Sholmes hatte sich auf die Schreibtischkante gesetzt und sah sein Gegenüber beschwörend an. Eine Weile taxierte ihn der Obermufti nachdenklich, dann sagte er: »Sholmes, verrennen Sie sich doch nicht in fixe Ideen. Warum, um Himmels willen, sollte der Saboteur so etwas tun? Wir alle wissen, dass dieses Projekt ein Herzenswunsch unseres Menschen war, und wie Ihnen ja bekannt sein dürfte, ist jedes Mitglied des inneren Teams dazu verpflichtet, für sein Wohlergehen zu sorgen.« In seinem Tonfall klangen Mitleid und Beschwichtigung mit. »Das schon«, gab Sholmes zu. »Aber vielleicht hat der Saboteur eine verquere Sicht der Dinge. Vielleicht denkt er, dass das Projekt die Fähigkeiten unseres Menschen übersteigen könnte und er überfordert wäre. Oder er will verhindern, dass unser Mensch noch weniger Zeit für seine Hobbys und seine Familie hat.« – »Wie auch immer. Ich kann mir nicht vorstellen, dass dieser ominöse Saboteur an allem schuld ist. Aus meiner Sicht war es einfach nur eine Verkettung unglücklicher Umstände.« Und mit diesen abschließenden Worten wandte sich der Obermufti wieder seinen Tabellen zu.

Auch in beruflichen Angelegenheiten mischt der Saboteur kräftig mit, denn nach seiner Meinung ist es manchmal besser, weiter in Träumen über Erfolg und Reichtum zu schwelgen, als mit der bitteren Realität konfrontiert zu werden. Es gibt unzählige Strategien, um zu verhindern, dass wir erfolgreich sind. Einige davon stelle ich in diesem Kapitel vor. Vielleicht finden Sie sich in einem der Beispiele wieder.

Beispiel 1: Es hat nicht sollen sein

Waltraud ist desillusioniert. Sie hatte seit ihrer Kindheit den Traum, später einmal beruflich auf eigenen Füßen zu stehen und mit dem Verkauf von selbst gestalteten Schreibwaren viel Geld zu verdienen. Mittlerweile, 20 Jahre später, ist sie immer noch Angestellte in einem Büro und sichtlich unzufrieden mit ihrem Leben. Finanziell kann sie keine großen

Sprünge machen, und die Möglichkeit einer Selbständigkeit rückt immer weiter in die Ferne. Wenn sie heute von ihrem Traum berichtet, ist von ihrem früheren Enthusiasmus nichts mehr zu spüren. Sie hadert oft mit ihrem Leben, denn sie stand mehrmals kurz davor, den Schritt in die Selbständigkeit zu wagen. Aber immer dann, wenn es möglich gewesen wäre, ist etwas dazwischengekommen. Zunächst war es eine ungeplante Schwangerschaft, die sie in der Sicherheit einer Festanstellung gehalten hatte. Später die Scheidung, dann Schwierigkeiten des Kindes in der Schule, zuletzt die Pflege von Angehörigen. Sie hatte zwar zwischendurch immer wieder mit der Idee gespielt und auch Designs für Briefpapier entworfen, aber dabei war es dann geblieben. Außer ihren engsten Freundinnen, die die Idee sehr schön fanden, hatte keiner und insbesondere kein möglicher Auftraggeber ihre Entwürfe je zu sehen bekommen.

Waltraud konnte in unseren Gesprächen sehr gut und überzeugend schildern, wie das Schicksal stets gegen sie gewesen war. Es dauerte lange, bis sie in der Lage war, sich nicht mehr als Opfer widriger Umstände zu sehen, sondern selbstkritisch ihre Biographie näher zu beleuchten. Dabei stieß sie auf mehrere Weggabelungen, an denen sie jeweils die Entscheidung für Sicherheit und gegen eine berufliche Neuorientierung getroffen hatte. Sie konnte sich im Verlauf mit der Tatsache konfrontieren, dass sie allein es gewesen war, die ihr Leben entsprechend gelenkt hatte. So hatte sie sich dafür entschieden, die Eltern selbst zu pflegen, und nicht das Angebot des Hausarztes angenommen, die Unterbringung in ein ambulant betreutes Wohnen zu veranlassen. Und selbst bezüglich der ungeplanten Schwangerschaft musste sie sich eingestehen, dass sie zu sorglos mit dem Thema umgegangen war und nachlässig verhütet hatte.

In diesem Stadium der absoluten Ehrlichkeit sich selbst gegenüber gingen wir den Ursachen für ihr Verhalten auf die Spur und fanden erfolgsverhindernde Glaubenssätze: Obwohl Waltraud nach außen immer enthusiastisch von ihrer Idee gesprochen hatte, war sie im Innersten voller Selbstzweifel. Ein Satz ihres Vater hatte sich ihr eingeprägt: »Schuster, bleib bei deinen Leisten.« Bei genauerer Betrachtung konnte sie sich auch erinnern, dass in der Familie immer eher abfällig über erfolgreiche Personen gesprochen worden war. Sie hatte oft von ihren Eltern gehört, dass den Reichen ihr Erfolg wohl zu Kopf gestiegen sei.

Auf der anderen Seite hatte ihre Mutter sie immer dazu ermutigt, etwas aus ihren Talenten zu machen. Die Mutter hätte gerne studiert und wünschte sich, dass wenigstens ihre Tochter den Mut habe, ihre Träume zu verwirklichen. Waltraud hatte sich schon als Kind vorgestellt, wie schön es sein müsste, zeitlich flexibel arbeiten zu können und Dinge zu gestalten, an denen ihre Kunden Freude haben. Der Traum von der Selbständigkeit half ihr oft, in schwierigen Situationen, in denen sie sich besonders abhängig und ohnmächtig fühlte, etwas Lebensmut zu schöpfen: »Irgendwann wird alles anders.« So wichtig war der Traum letztendlich geworden, dass ein Versagen auf jeden Fall vermieden werden musste. Und um zu verhindern, dass er einer Realitätsüberprüfung nicht standhalten würde, durfte er nie Wirklichkeit werden. Immer dann, wenn eine Verwirklichung hätte möglich werden können, sorgte ihr Saboteur dafür, dass etwas anderes dazwischenkam und der Traum verschoben werden musste.

Der Sabotagemechanismus von Waltraud

Auch bei Waltraud fanden sich mehrere, einander widersprechende Oberpläne: »Werde erfolgreich und mach was aus dir!« auf der einen Seite und »Bleib bescheiden, werde nicht überheblich!« auf der anderen Seite. Immer wenn sie mit ihrem Leben unzufrieden war, träumte sie von einer besseren Zukunft, in der sie erfolgreich und anerkannt war. Kurzfristig half ihr dieses Träumen, sich weniger frustriert zu fühlen. Langfristig jedoch kam es zu keiner Verbesserung ihrer beruflichen Situation und der Frust wuchs. Je länger sie sich in ihrer Angestelltentätigkeit arrangierte, desto schwieriger wurde für sie die Entscheidung, zu kündigen und sich selbständig zu machen. Immer dann, wenn ihr Leben die Möglichkeit einer beruflichen Veränderung bot, löste dies in ihr einen inneren Zwiespalt aus. Zwar gab es den starken Wunsch, endlich einmal die Chancen zu nutzen und den Traum Wirklichkeit werden zu lassen, gleichzeitig war aber die Angst vor den Konsequenzen eines Misserfolgs groß. So befand sich Waltraud in einem Zustand von zunehmender Anspannung, die durch die beiden widersprüchlichen Bestrebungen (es zu tun und es zu lassen) hervorgerufen wurde. Die naheliegende Lösung war, eine Situation zu schaffen, in der es diese Wahl nicht gab.

Der Saboteur wiederum konnte diese Umstände für sich gut nutzen, indem er Waltraud zuflüsterte, dass es ihre Pflicht sei, sich zunächst um ihre Familie zu kümmern. Auf diese Weise verhinderte er, dass sie sich zu sehr mit anderen Optionen beschäftigte. Durch die Priorisierung, dass das Baby, die Schulprobleme, die gebrechlichen Eltern wichtiger waren als ihre Träume, stand die Selbständigkeit erst einmal nicht mehr zur Debatte. Die innere Anspannung und der innere Kampf für oder gegen eine berufliche Veränderung ließen nach. Je weniger die neue Situation jedoch eine Möglichkeit der Selbstverwirklichung zuließ, desto mehr träumte Waltraud insgeheim von einem anderen Leben, in dem sie endlich einmal frei und unabhängig sein könnte. Und mit jeder Umdrehung im Teufelskreis wurde Waltraud älter und schätzte ihre eigenen Chancen noch geringer ein.

Klassische Zwickmühlen, um Erfolge zu verhindern, sind:
- Ich will erfolgreich sein, aber erfolgreiche Menschen sind arrogant und egoistisch.
- Ich möchte meine Träume verwirklichen, aber ich muss um jeden Preis verhindern, dass sie scheitern.
- Ich traue es mir eigentlich nicht zu, aber ich sehe sonst keine andere Möglichkeit, glücklich zu werden.
- Ich will eigentlich etwas ganz anderes tun, aber ich will auch meine Eltern nicht enttäuschen.
- Ich will bewundert werden, aber ich habe Angst, dass ich dann nicht mehr liebenswert bin.

Beispiel 2: Der Ideengenerator

Alex ist Journalist und träumt davon, irgendwann einmal als Drehbuchautor fürs Theater groß rauszukommen. Um diesen Traum zu verwirklichen, hat er seine Angestelltentätigkeit auf 50 Prozent reduziert und nimmt sich neben seiner Arbeit viel Zeit für seine kreative Tätigkeit. Immer wieder gibt es Phasen, in denen er viel Disziplin aufbringen muss, um weiterzuschreiben. Aber die Überzeugung, dass er sicher einmal damit Erfolg haben wird, hilft ihm, an seinem Vorhaben festzuhalten. Allen, die es hören wollen, berichtet er begeistert von seiner aktuellen Idee: einem noch nie da gewesenen Plot, einem überraschenden Ende und als Clou den Einbezug des Publikums in die Handlung. Das Stück ist praktisch schon so gut wie fertig und muss nur noch überarbeitet werden. Bald schon kann er sich auf die Suche nach einem Interessenten machen. Alles klingt gut, und für diejenigen, die Alex noch nicht so gut kennen, ist er sicher der Prototyp eines Erfolgsmenschen. Schließlich kämpft er mit Fleiß und Beharrlichkeit und einer großen Portion Enthusiasmus für seine Träume. Wer ihn aber näher und schon über längere Zeit kennt, entdeckt ein wiederkehrendes Muster, das gar nicht mehr so erfolgversprechend aussieht. Denn es ist nicht das erste Drehbuch, das Alex so gut wie fertig geschrieben hat. Es gab schon früher bestimmte Projekte, von denen er sehr begeistert war. Immer dann jedoch, wenn die Phase des Schreibens beendet war und die lange und mühsame Phase der Überarbeitung und Vermarktung anstand, kam es plötzlich zu einem seltsamen Phänomen: Alex wurde zu einem Ideenfeuerwerk und entwickelte neuere und noch bessere Konzepte. Und je mehr Inspirationen er hatte, desto schwerer fiel es ihm, bei seinem ursprünglichen Plan zu bleiben. Schließlich war der neue Ansatz um Klassen besser und überzeugender. Das alte Projekt wurde immer mehr zur Quälerei, bis Alex schließlich seinem inneren Drängen nachgab und sich mit den neuen Ideen beschäftigte. Die Ausarbeitung eines neuen Konzepts setzte in ihm viel Energie frei, alles machte nun Sinn, die Schwachstellen im alten Projekt konnten erfolgreich beseitigt werden, und es ging in der Projektentwicklung gut voran. Zumindest so lange, bis auch das neue Projekt kurz vor der Marktreife stand und nur noch überarbeitet werden musste.

Alex wusste sehr wohl, dass es sich hier um eine Erfolgsverhinderungsstrategie handelt, aber das Wissen allein reicht nicht. Auch wenn ihm bewusst war, dass er besser erst sein altes Projekt zu Ende bringen sollte, fiel es ihm schwer, entsprechend zu handeln. In dieser Phase sah er nur noch die Fehler und Schwächen, er konnte sich nicht mehr dafür begeistern und fühlte sich von der neuen und viel besseren Idee umso mehr angezogen. »Wie soll ich denn eine gute Arbeit abliefern, wenn ich überhaupt nicht mehr dahinterstehen kann?«, begründete er sein Handeln. »Man würde es doch zwischen den Zeilen herauslesen können, dass ich nicht mehr ganz bei der Sache bin. Und ich will eine wirklich überzeugende Arbeit abgeben. Das ist mir sehr wichtig. Ich müsste mich komplett verbiegen, wenn ich das alte Projekt abschließen müsste, obwohl ich doch gleichzeitig diese ganz einzigartige neue Idee habe. Außerdem: Was ist, wenn ich mit Mühe das alte Drehbuch zu Ende bringe, und in der Zwischenzeit ist das brandaktuelle Thema schon wieder Schnee von gestern und meine tolle Idee interessiert keinen mehr? Nein, ich sollte jetzt besser dieser besonderen Idee nachgehen. Das alte Drehbuch kann noch etwas warten, darum kümmere ich mich dann später.« Mit diesen Argumenten stürzte sich Alex auf sein nächstes Vorhaben. Das fast fertige Drehbuch landete auf dem Stapel der unvollendeten Projekte, die vielleicht irgendwann mal wieder hervorgeholt werden, wenn der richtige Zeitpunkt gekommen ist.

Doch warum handelte Alex so? Er hatte als Kind die Anerkennung und das Lob seines Vaters immer vermisst. Als er zwölf Jahre alt war, ließen sich die Eltern scheiden und der Kontakt zu seinem Vater brach fast vollständig ab. Als Kind hätte er sich oft gewünscht, dass sein Vater ihn umarmt und ihm sagt, wie stolz er doch auf ihn sei. Dieser Wunsch wurde jedoch nie erfüllt. Alex fragte sich daher, ob vielleicht er der Anlass für die Trennung der Eltern gewesen sein könnte. Wenn er sich nur mehr angestrengt hätte, hätte sein Vater ihn sicher mehr geliebt und die Familie nicht verlassen. Alex' Selbstwert war dadurch sehr gering und er fühlte sich als Versager. Die Mutter hatte versucht, den Sohn aufzubauen, und ihm immer wieder versichert, dass er alles schaffen könne, wenn er es nur wirklich wolle. Und so zimmerte Alex sich seine eigene Phantasiewelt: Einmal würde er erfolgreich sein und die Eltern stolz machen. Dann würde auch der Vater ihn endlich lieben und mit ihm engeren Kontakt haben. Dieser Wunsch nach Erfolg war so mächtig, dass Alex sich immer dann selbst sabotierte, wenn es um eine Realitätsüberprüfung ging.

Der Sabotagemechanismus von Alex

Alex hatte, bedingt durch die Trennung der Eltern, ein sehr geringes Selbstvertrauen, gleichzeitig strebte er stark nach Erfolg. Die Mutter hatte immer an ihn geglaubt, und er wollte, dass sie mit Stolz auf ihn schaute. Noch mehr wollte er das in Bezug auf seinen Vater, denn es hatte sich in ihm die kindliche Überzeugung festgesetzt, dass alles gut werden würde, wenn er nur dessen Anerkennung bekäme. So wurde es für ihn immer wichtiger, sich einen Namen zu machen und bekannt zu werden, und er investierte Zeit und Geld in seinen Traum von einer Karriere als Drehbuchautor. Mit den Investitionen stiegen die Angst zu versagen und der Druck, auf keinen Fall scheitern zu dürfen.

In diesem Dilemma aus Versagensängsten und Erfolgsdruck wurde sein Saboteur aktiv. Anstelle jedoch wie im Beispiel von Waltraud die Wahlmöglichkeiten einzuschränken, benutzte der Saboteur hier eine gegenläufige Strategie: Er erweiterte die Wahlmöglichkeiten. Alex entwickelte ein Feuerwerk an Ideen, die so unwiderstehlich waren, dass die Aufmerksamkeit vom ursprünglichen Projekt weggelenkt wurde. Durch die vielen neuen Pläne und positiven Erwartungen kam es im Gehirn zu einer Ausschüttung des Glückshormons Dopamin, das den unangenehmen Zustand der Selbstzweifel beendete. Alex fühlte sich nicht mehr im Zwiespalt, sondern einfach gut, und er drängte umso mehr danach, die neuen Einfälle zu verwirklichen. Solange ein Projekt noch ganz am Anfang steht, ist eben auch noch alles offen und man kann sich ohne Druck und Ängste im neuen Vorhaben austoben. Da es jedoch irgendwann konkreter wird und auf seine praktische Durchführbarkeit überprüft werden muss, ist es sehr wahrscheinlich, dass dann eine weitere, noch bessere Idee entstehen wird. Mit jeder Umdrehung im Teufelskreis gibt es aber mehr gescheiterte Ideen. Jedes unvollendete Projekt nagt an Alex' Selbstwert und vergrößert seine Selbstzweifel. Der Druck, endlich einmal so richtig erfolgreich zu werden, steigt immer weiter.

Die Kombination aus immer höheren Ansprüchen an sich selbst und gleichzeitig weiter wachsenden Selbstzweifeln ist die ideale Bühne für den Saboteur, der diesmal nicht als pflichtbewusster Moralprediger, sondern als Verführer auftritt. Er flüstert uns ein, wie viel besser doch die neue Idee ist, wie viel mehr Erfolg wir dadurch haben werden und wie viel unkomplizierter sie vielleicht in die Tat umzusetzen ist. Typische Sätze sind »Diese Idee ist noch besser«, »Damit erziele ich bestimmt den Durchbruch« und »So kann ich dieses Problem umgehen«. Und in unserer Begeisterung bemerken wir gar nicht, dass es eine hervorragende Strategie ist, das ursprüngliche Projekt aufzugeben, ohne uns als absolute Versager fühlen zu müssen.

Klassische Zwickmühlen kurz vor Fertigstellung eines Projekts sind:

- Ich will etwas zu Ende bringen, aber ich glaube nicht mehr so ganz daran.
- Ich möchte erfolgreich sein, aber was ist, wenn mir das damit nicht gelingt?
- Eigentlich fühle ich mich als Versager, aber wenn ich erst erfolgreich bin, wird alles gut werden.
- Wenn ich das schaffe, wird alles gut, aber was, wenn doch nicht?

Warum die Opferrolle so begehrt ist

In unserer heutigen Zeit ist der berufliche und finanzielle Status von enormer Wichtigkeit für den Selbstwert. Die Frage nach der beruflichen Tätigkeit wird oft ganz zu Beginn eines Kennenlernens gestellt. Wenn ich viel verdiene, bin ich viel (Geld) wert. Kein Wunder also, dass gerade im Beruf der Selbstwert besonders verletzlich ist und der Saboteur aktiv wird.

Der Erfolgsverhinderer agiert oft, indem er entweder bestimmte Situationen herbeiführt oder das Eintreffen von Unerwartetem für sich nutzt. Bei der Entscheidung, wo nun Prioritäten gesetzt werden müssen, appelliert er an unser Pflichtgefühl und dass wir nicht egoistisch sein dürfen. Andere Alternativen werden schnell vom Tisch gewischt, und er erklärt, warum diese nicht möglich sind. So kann er dafür sorgen, dass bestimmte Träume noch erhalten bleiben, denn solange sie nicht in Angriff genommen werden, können sie auch nicht scheitern. Gleichzeitig ist man das Opfer widriger Umstände und erhält Mitleid für das Pech oder Respekt für die selbstlose Entscheidung. Man muss sich nicht mit der Realität konfrontieren und kann sein Selbstbild (»wenn nicht dies und das dazwischengekommen wäre, hätte ich es geschafft«) aufrechterhalten. Gerade bei sehr wichtigen Lebensprojekten, von denen man sich viel verspricht, ist der Saboteur schnell am Werk, um ein Scheitern um jeden Preis zu verhindern.

MERKE:

Zwickmühlen können am wirksamsten beseitigt werden, wenn keine Wahloption mehr besteht. Durch unsere Entscheidungen beeinflussen wir stets auch, wie viele Wahloptionen wir noch haben.

Die Argumentation ist dabei sehr überzeugend und für den Betroffenen logisch. Folgende Aussagen sind besonders beliebt:

- Aber das kann ich nicht delegieren.
- Ich hätte sonst meine Existenz aufs Spiel gesetzt.
- Außer mir gibt es keinen, der das machen kann.
- Es gibt keine andere Möglichkeit.
- Wenn xy nicht gewesen wäre …
- Dies hat mir die Energie geraubt/die Möglichkeiten genommen.
- Das ist jetzt wichtiger.

Auf den ersten Blick erscheinen diese Argumente unwiderlegbar. Erst dann, wenn man sich fragt, ob andere genauso handeln würden, und was passieren würde, wenn man nun wirklich verhindert wäre, da selbst schwer erkrankt oder im Ausland, zeigen sich doch auch andere Möglichkeiten, wie man das Problem hätte lösen können.

Clevere Erfolgsverhinderer argumentieren mit Fakten, die Sie nicht verändern können, z. B. »Wäre ich größer, dann hätte ich mehr Chancen bei der Partnerwahl« oder »Wäre ich ein Mann, dann würde man mich ganz anders respektieren«. Vorsicht, dies ist nur ein gemeiner Trick Ihres Saboteurs, der vermutlich Ihre Aufmerksamkeit nun auf große Menschen mit tollen Beziehungen oder auf beruflich erfolgreiche und angesehene Männer lenkt, um Sie daran zu hindern, die Umsetzung Ihres Vorhabens zumindest zu versuchen. Suchen Sie bewusst Gegenbeispiele von respektierten Frauen und kleinen Menschen in glücklichen Beziehungen und hinterfragen Sie, ob es wirklich nur an der Größe und am Geschlecht lag oder ob es auch andere Gründe gibt, warum gerade dieser Mensch erfolgreich ist.

Klassische Sabotagestrategien im Beruf

Auch der Erfolgsverhinderer verfügt über viele verschiedene Strategien, um die Durchführung von Projekten zu sabotieren.

Die *Verschiebestrategie*: Kennen Sie das? Ungeliebte Termine oder Aufgaben werden gerne nach hinten geschoben, bis sie entweder ganz vergessen werden oder nur noch unter Zeitdruck durchgeführt werden können. Das Ergebnis ist dann zwangsläufig oft nur eine mittelmäßige bis unzureichende Leistung. Die Verschiebestrategie verwendet der Saboteur gerne, wenn es um Anmeldefristen für Weiterbildungen geht, die so lange unbeachtet bleiben, bis der Kurs voll oder die Frist verstrichen ist. Auch bei der Vorbereitung eines wichtigen Termins wird sie gerne angewandt.

Die *Perfektionsstrategie* ist eine sehr clevere Methode des Saboteurs. Die Erwartung an die eigene Leistung wird sehr hoch angesetzt und zwar umso höher, je unzufriedener man mit sich selbst ist. So als ob nur ein hohes Ziel die Unzufriedenheit mit sich selbst auflösen könnte. Dies führt aber dazu, dass man nie so richtig anfängt, weil man selbst nicht mehr an eine erfolgreiche Durchführung glaubt. Durch die Perfektionsstrategie ist zudem der innere Druck so hoch, dass Konzentration und Kreativität beeinträchtigt werden, was die Wahrscheinlichkeit eines guten Ergebnisses noch weiter reduziert.

Die *Wechselstrategie*: Während man mitten im ersten Projekt ist, wird eine andere Idee immer verlockender, bis man plötzlich von dieser Idee so begeistert ist, dass das ursprüngliche Projekt verlassen wird, um sich um das nächste zu kümmern. Die Folge ist eine Vielzahl begonnener und halb durchgeführter Projekte.

Die *Informationsstrategie*: Bevor man mit einem Projekt beginnt, sollte man erst umfangreiche Informationen einholen und die erforderlichen Grundkenntnisse erwerben. Dies ist natürlich richtig. Der Erfolgsverhinderer flüstert Ihnen jedoch zu, dass Ihr Wissen nie ausreicht und Sie erst dies noch lesen und das noch tun müssen. Daher sind Sie nach monate- oder jahrelanger Vorbereitungszeit schon vor dem Start so erschöpft, dass Sie es gleich ganz bleiben lassen.

Die *Prioritätenstrategie*: Es gibt immer etwas anderes, das gerade vordringlicher getan werden sollte, so dass Sie nie zum eigentlichen Projekt kommen. Der Saboteur verspricht uns, dass wir erst dann so richtig durchstarten können, wenn wir den Haushalt erledigt/den Familienkonflikt beseitigt/die Finanzen gesichert haben, und so weiter. Letzten Endes gibt es aber immer Ablenkungen, die Vorrang haben, so dass für das ursprüngliche Projekt keine Zeit mehr bleibt.

MERKE:

Die Strategien des Erfolgsverhinderers sind vielfältig. Dahinter steckt in der Regel die eigene Überzeugung, dass zum jetzigen Zeitpunkt das Projekt noch nicht durchgeführt werden sollte, da er nicht passend ist oder Sie noch nicht die nötigen Fertigkeiten dazu haben.

FRAGEN ZUR SELBSTREFLEXION
- Neige ich zu vielen neuen Ideen, ohne das vorherige Vorhaben abgeschlossen zu haben?
- Was hat bisher die Verwirklichung meines Lebenstraums verhindert? Welche Situationen habe ich mitverursacht? Welche Entscheidungen habe ich getroffen und aus welchen Gründen? Welche Folgen hatten diese Entscheidungen?
- War es wirklich so, dass nach einem bestimmten Ereignis mein Ziel nicht mehr möglich war, oder hätte es andere Wege gegeben? Beruht der Mangel an Energie wirklich auf dem Ereignis oder lag die Ursache eigentlich ganz woanders (z.B. bei Selbstzweifeln)?

ÜBUNGEN

1. Schreiben Sie einmal alle Ihre Ideen der letzten zwei Jahre auf und überlegen Sie, warum Sie sie haben fallen lassen. Überprüfen Sie, ob in Ihnen ein Dopamin-Junkie haust, der so begeistert von Neuem ist, dass er sich nicht mehr mit den alten Vorhaben beschäftigen will.
2. Führen Sie für einige Tage Protokoll, womit Sie Ihre Zeit verbringen. Wofür geht die meiste Zeit drauf? Wie viel Zeit wenden Sie für Ihre Träume auf?
3. Welche Träume sind gescheitert, weil etwas anderes dazwischenkam?
4. Schreiben Sie Ihre Selbstausreden auf. Hinterfragen Sie diese. Fragen Sie einen guten Freund nach seiner Sicht.
5. Beobachten Sie Ihr Verhalten genauer. Was z. B. haben Sie heute dazu getan, um Ihren Bus zu verpassen? So werden Ihnen kleine Alltagsboykotte bewusster.
6. Schauen Sie bei erfolgreichen Menschen genau hin, was zu deren Erfolg geführt hat. Wenn Ihnen dabei nur die Faktoren auffallen, die Sie nicht beeinflussen können (Herkunft, Größe, Geschlecht), so spricht hier vermutlich Ihr Erfolgsverhinderer. Schauen Sie daher im zweiten Schritt genauer auf die veränderbaren Faktoren und/oder fragen Sie andere nach deren Meinung dazu.

AUF DEN PUNKT GEBRACHT

Der Erfolgsverhinderer wird aktiv, wenn er Angst hat, dass die Träume, die ihm sehr wichtig sind, einer Realitätsüberprüfung nicht standhalten würden. Indem er das Scheitern oder Aufschieben der Träume mit bestimmten Ereignissen begründet oder unveränderbare Faktoren dafür verantwortlich macht, lenkt er so die Aufmerksamkeit weg von sich selbst und kann dadurch den eigenen Selbstwert stabil halten. Er argumentiert meist mit moralischen Verpflichtungen oder verführt zu ganz anderen, vielversprechenderen Ideen. Schaut man genauer hin, kann man gut die Spuren des Saboteurs entdecken. Hinterfragen Sie daher immer Ihre Begründungen und suchen Sie Gegenbeweise. Der Blick von außen kann dabei ebenfalls sehr hilfreich sein.

KAPITEL 6:
DER GESUNDHEITSSCHÄDIGER

★ ★ ★

Mit besorgtem Blick und in Gedanken vertieft tastete sich der Saboteur vorwärts. Eigentlich hätte er zufrieden sein können. Seine letzte Aktion war eine strategische Meisterleistung gewesen. Wieder einmal hatte er in letzter Minute das Seelenheil seines Menschen retten können. Aber obwohl er doch so umsichtig und durchdacht vorgegangen war, war dieser selbsternannte Meisterdetektiv ihm dicht auf den Fersen. Ihm blieb nun keine andere Wahl mehr, als zu seiner ultimativen Waffe zu greifen. Wie gerne hätte er dies vermieden, aber er musste es tun.

Dem Saboteur war durchaus bewusst, dass das Auslösen einer Erkrankung seinen Menschen deutlich beeinträchtigen und ihn unglücklich machen würde. Aber er sah keine Alternative. Nur durch eine Erkrankung hatte er die Chance, dass diese selbstverliebte, engstirnige und hirnlose kognitive Regierung endlich aufwachen und sich auf die eigentlichen Werte seines Menschen besinnen würde. Auch wenn es erst einmal ungemütlich werden würde, so würde sein Mensch ihm langfristig sicher dafür dankbar sein. Schweren Herzens kämpfte sich der Saboteur weiter, hinein in die Hirnregionen, in der das Schmerzzentrum zu finden war.

★ ★ ★

Für mich ist der Gesundheitsschädiger der Meister seiner Klasse. Er kommt dann zum Einsatz, wenn alle anderen Sabotagemethoden nicht ausreichend waren. Wird der Körper erst einmal krank, so sind Sie schachmatt gesetzt. Sie können dann nicht mehr an Ihren Projekten arbeiten, so gerne Sie das auch wollten. Ende der Diskussion. Und der Clou ist: Bei der Gesundheit kommt so gut wie niemand darauf, dass hier ein Saboteur die Finger im Spiel hatte. Für alle ist klar, dass Sie für Ihre Erkrankung nun wirklich nichts können und daher zu bedauern sind. Und so kann der Saboteur weiter im Verborgenen seine Fäden ziehen.

Wie genau der Gesundheitssaboteur agiert, erfahren Sie in den folgenden Fallbeispielen.

Beispiel 1: Der pflichtbewusste Kranke

Martin ist sehr gewissenhaft und würde um keinen Preis der Welt andere im Stich lassen. Bei seinen Kollegen ist er sehr beliebt, seine Arbeit erledigt er gewissenhaft und nimmt sich viel Zeit für die Kunden. Oft kommt er schon recht früh zur Arbeit und bleibt etwas länger als nötig, um einen aufgeräumten Schreibtisch zu hinterlassen. Da man sich auf ihn auch wirklich verlassen kann, wird er gerne um Unterstützung angefragt, wenn es bei den Kollegen einmal eng wird. Und Martin lehnt so gut wie nie ab, sondern engagiert sich sehr und hilft, wo er kann. Aber es kommt auch vor, dass Martin genau dann ausfällt, wenn er gerade am dringendsten benötigt wird, etwa weil es Engpässe in der Personalplanung gibt. Einmal wurde er durch eine schwere und schmerzhafte Nierenkolik außer Gefecht gesetzt, zweimal bekam er eine Magen-Darm-Infektion und mehrere Male lag er mit einer heftigen Erkältung im Bett. Darunter litt Martin selbst am meisten. Er machte sich die Entscheidung, sich krankzumelden, nicht leicht. Oft schleppte er sich noch halb krank zur Arbeit, um zumindest das Nötigste zu tun, und musste dann regelrecht von den Kollegen nach Hause geschickt werden. Immer kam er zu früh wieder an den Arbeitsplatz zurück, erlitt einen Rückfall und fiel erneut für mehrere Tage aus. Dies belastete ihn sehr, da auf ihn ja Verlass sein sollte und er die Kollegen nicht enttäuschen wollte.

Man hatte ihm schon als Kind gesagt, dass es wichtig ist, verlässlich zu sein und immer das Beste zu geben. Krankheiten zählten in der Familie nicht. Seine Eltern waren beide berufstätig gewesen, und wenn es Martin nicht gutging, wurde er meist dennoch in die Schule geschickt. Der Vater hatte sich immer wieder gerühmt, dass er in seinem gesamten Arbeitsleben nur einen einzigen Tag krank gewesen war, und hatte fast schon verächtlich von Kollegen gesprochen, die mal wieder blaumachten. So hatte Martin früh gelernt, dass es ein Zeichen von Schwäche ist, krank zu werden, und er versuchte, dies möglichst zu vermeiden.

Bei genauerem Beobachten fiel ein bestimmtes Verhaltensmuster auf: In stressigen Zeiten vernachlässigte Martin sich selbst. Er arbeitete deutlich zu viel, trank zu wenig, was das Auftreten einer Nierenkolik begünstigt, aß ungesund (oft nur Fastfood, Schokolade oder Chips), schlief zu wenig und trank deutlich mehr Kaffee als gewöhnlich. Vor allem aber stand er unter dem ständigen Druck, nun bloß nicht krank zu werden. Der Raubbau an seinem Körper und an den Energiereserven führte dann regelmäßig gerade jetzt zu einer Erkrankung. Und da er sich nicht eingestehen wollte, dass sein Körper Erholung braucht, kam es letztlich zu einem deutlich längeren krankheitsbedingten Ausfall, als wenn er sich einfach einige wenige Tage Auszeit gegönnt hätte. Als Martin dies bewusst wurde und er vor allem in Stresszeiten besser auf sich achtete, gingen die Krankheitstage zurück.

Der Sabotagemechanismus von Martin

Martin hatte am Beispiel seines leistungsorientierten Vaters gelernt, dass Krankheit nicht allzu ernst genommen werden sollte. Sein Oberplan war es, zuverlässig zu sein und Leistung zu bringen. Durch die Schilderungen des Vaters und dessen Umgang mit Erkrankungen hatte er verinnerlicht, dass sie negativ zu bewerten sind und zu Konflikten mit Kollegen führen können. Leistung dagegen wurde in der Familie durch Anerkennung positiv verstärkt. Aus diesem Grund ignorierte Martin alle Anzeichen einer sich anbahnenden Erkältung und gönnte sich keine Erholung. Als wollte er sich selbst beweisen, dass sein Körper stark und gesund ist, nahm er sich stattdessen noch mehr Arbeit vor. Zusätzlich führte er besonders in Stresszeiten einen ungesunden Lebenswandel. Kurzzeitig konnte Martin dadurch seine Leistungsfähigkeit steigern und fühlte sich stark. Langfristig aber wurde er anfälliger für Krankheiten, weil er Warnsignale ignorierte und seinen Körper überforderte. Jede erneute Erkrankung gab Martin das Gefühl, nicht mehr richtig zu funktionieren. Er entwickelte ein negatives

Körperbild und ging schließlich noch weniger fürsorglich mit sich um. Zusätzlich fühlte er sich auch gegenüber den Kollegen als Versager und wollte seine »Unzuverlässigkeit« wieder ausgleichen, indem er immer mehr Unterstützung anbot, immer weniger selbst um Hilfe bat und versuchte, seine Arbeit noch besser und schneller durchzuführen. Dies alles erhöhte auf der anderen Seite wieder den Stress und somit die Gefahr, erneut krankheitsbedingt auszufallen.

Klassische Zwickmühlen, die zu Krankheitsausfällen führen, sind:

- Ich bräuchte eigentlich Erholung, aber ich darf jetzt auf keinen Fall krank werden.
- Ich sollte gut auf meinen Körper achten, aber ich habe keine Zeit dazu.
- Ich würde mich gerne auskurieren, aber ich habe gerade heute einen wichtigen Termin / ich kann gerade heute auf keinen Fall fehlen.
- Ich bin krank, aber wenn ich zu Hause bleibe, halten mich andere für nicht belastbar.
- Ich muss Leistung bringen, aber gleichzeitig merke ich, dass ich eine Auszeit bräuchte.

Beispiel 2: Wie gelähmt

Wie mächtig der Gesundheitsschädiger sein kann, zeigt dieses sehr eindrückliche Beispiel:

In die Klinik kam ein Patient mit halbseitiger Lähmung. Er war noch jung, hatte keinerlei Risikofaktoren für einen Schlaganfall, und doch konnte er von einem Tag auf den nächsten seinen rechten Arm und sein rechtes Bein nicht mehr bewegen, und auch die linke Gesichtshälfte war gelähmt. Die Symptomatik entsprach genau der eines Schlaganfalls und so war Norbert zunächst in eine neurologische Klinik gebracht worden. Die Neurologen konnten jedoch in mehreren Kernspintomographie-Untersuchungen keinen Hinweis auf einen abgelaufenen Schlaganfall feststellen. Auch andere neurologische Erkrankungen wurden abgeklärt, aber es zeigte sich keine Auffälligkeit, die die Symptomatik hätte erklären können. Alles deutete daher darauf hin, dass es sich um ein psychisches Problem handelte, auch wenn zunächst alles nach einer körperlichen Ursache ausgesehen hatte. Norbert litt sehr unter seinen Einschränkungen, er konnte sich nur mit Mühe fortbewegen und seinen Alltag nicht mehr meistern. Zudem beherrschte ihn die starke Angst, dass die Ärzte etwas übersehen haben könnten und er eine fortschreitende und vielleicht unheilbare Krankheit hatte. Als wir nach Belastungsfaktoren in seinem Leben zu forschen begannen, zeigte sich, dass Norbert sich mit seiner sozialen Situation überfordert fühlte. Er hatte eine Trennung hinter sich und sah seine drei Kinder alle zwei Wochen für ein Wochenende. Zudem war er als stellvertretender Geschäftsführer beruflich beansprucht und viel auf Geschäftsreisen. Die Firma befand sich aktuell in einer schweren Krise, und es war noch nicht klar, ob das Unternehmen gerettet werden konnte.

Norbert hatte das Gefühl, sowohl auf der Arbeit als auch als Vater versagt zu haben. Seine plötzliche Erkrankung belastete ihn nicht nur wegen der Ungewissheit, was die Ursache seiner Lähmungen sein könnte. Darüber hinaus standen auch zwei wichtige Termine unmittelbar bevor: ein Meeting, das wegweisend für die Zukunft der Firma war, und ein Schullandheim-Aufenthalt seines ältesten Sohnes, dem er schon lange versprochen hatte, als Elternaufsicht bei der Reise dabei zu sein. Dieser war ein Papakind, das sehr unter der Trennung der Eltern gelitten hatte, und Norbert wollte ihn auf keinen Fall enttäuschen. Dass zeitgleich das entscheidende Meeting der Firma stattfinden sollte, bei dem sein Chef ihn unbedingt dabeihaben wollte, hatte ihn in ziemliche Gewissenskonflikte gestürzt. Und nun drohte die Gefahr, dass er krankheitsbedingt beide Termine nicht wahrnehmen konnte. Je näher die besagte Woche rückte, desto mehr Vorwürfe machte er sich und überlegte, ob er nicht die Behandlung für diese Zeit aussetzen und irgendwie, an Krücken oder im Rollstuhl, bei der Schulfreizeit oder zumindest beim Meeting teilnehmen sollte. Jedoch musste er letztendlich einsehen, dass ihm beides nicht möglich war.

In der Woche, in der der Aufenthalt im Schullandheim stattfand, konnte Norbert sich aus schlechtem Gewissen seinem Kind gegenüber kaum konzentrieren. Es war für ihn jedoch hilfreich, ab und zu mit seinem Sohn zu telefonieren und sich zu vergewissern, dass es ihm gutging. Als die Schulfreizeit vorbei war, kam der Junge bestens gelaunt zurück und berichtete von vielen tollen Erlebnissen. Auch das wichtige Firmenmeeting war ohne Norbert gut verlaufen, eine Lösung für die Geschäftskrise hatte sich ganz unerwartet aufgetan. Und plötzlich erfuhr Norbert eine deutliche Besserung seiner Symptomatik. Die Lähmungen waren fast nicht mehr vorhanden, er konnte wieder ohne Hilfe gehen, und nur noch ein leichtes Hinken war erkennbar, das sich im weiteren Verlauf ebenfalls zurückbildete.

Diese Spontanheilung hatte auch den Patienten überzeugt, dass die Ursache der Lähmung psychosomatischer Natur gewesen sein musste. Als wir ihr auf den Grund gingen, konnte Norbert erkennen, dass der Konflikt, sich zwischen zwei sehr wichtigen Terminen entscheiden zu müssen, und die Gewissheit, entweder den Sohn oder den Chef zu enttäuschen, dazu geführt hatten, dass die Lähmungen aufgetreten waren. Er hatte sich im wahrsten Sinn des Wortes wie gelähmt gefühlt, und die körperlichen Einschränkungen hatten seinen Konflikt für ihn radikal gelöst.

Der Sabotagemechanismus von Norbert

Norbert war in einer Familie aufgewachsen, in der der Vater viel geschäftlich unterwegs war. Er hatte dadurch gelernt, dass Männer Karriere machen und verantwortungsvolle Jobs übernehmen müssen. Gleichzeitig hatte er als Kind seinen Vater oft vermisst. Seine Oberpläne lauteten daher »Ich bin nur dann ein richtiger Mann, wenn ich Karriere mache und eine leitende Position innehabe« und »Ich will es besser machen als mein Vater und für meine Kinder da sein«. Als es zur Trennung gekommen war und Norbert seine Kinder nur selten sehen konnte, machte er sich große Vorwürfe, dass er seiner Vaterrolle nun noch weniger gerecht wurde als sein eigener Vater. Er versuchte, dies zu kompensieren, indem er immer wieder Zugeständnisse machte, die er dann nur schwer einhalten konnte. Als der Schullandheim-Aufenthalt geplant wurde, fühlte Norbert sich verpflichtet, als Begleitperson mitzufahren.

Aber gleichzeitig war da ja noch der andere Oberplan, Karriere zu machen. Für die drohende Firmeninsolvenz hatte Norbert sich mitverantwortlich und entsprechend als Versager gefühlt. Um dies auszugleichen, wollte er für seinen Chef rund um die Uhr ansprechbar sein. Dass er bei wichtigen Firmenmeetings dabei war, war für ihn Ehrensache. Die Terminüberschneidung führte also zu einem doppelten Zwiespalt. Dieser innere Konflikt, ein verlässlicher Vater und gleichzeitig ein zuverlässiger Mitarbeiter zu sein, konnte nur dadurch gelöst werden, dass er krank wurde. Aus der gefühlten inneren Lähmung wurde eine tatsächliche körperliche Lähmung. Die Entscheidung, welchen der beiden Termine er nun wahrnehmen wollte, war ihm dadurch aus den Händen genommen worden. Rückblickend konnte Norbert erkennen, dass er auch früher immer dann körperliche Beschwerden entwickelt hatte, wenn er einen Gewissenskonflikt hatte. Ein plötzliches Krankwerden wirkte entlastend. Das schlechte Gewissen, das sich aber danach in ihm ausbreitete, versuchte er durch besondere Zuwendung gegenüber den Kindern und gute Arbeitsleistung im Beruf wieder auszugleichen. Bis der nächste Interessenkonflikt kam. Erst durch die psychotherapeutische Behandlung konnte Norbert andere Lösungswege entwickeln und lernen, besser für sich zu sorgen.

Klassische Zwickmühlen, die krank machen können, sind:
- Ich muss mich zwischen zwei Zielen entscheiden, die mir gleich wichtig sind.

- Ich muss mich zwischen zwei Übeln entscheiden und würde gerne beide vermeiden.
- Egal wie ich mich entscheide, ich werde jemanden enttäuschen oder kränken.
- Ich muss etwas tun, traue mir dies aber nicht zu und fühle mich überfordert.

Krankheit als Konfliktlöser

Krankheit ist die letzte Karte, die ein Saboteur ausspielen kann, um ein unliebsames Projekt zu stoppen. Es gibt drei Wege, wie der Gesundheitssaboteur agieren kann: 1. eine Erkrankung herbeiführen oder zumindest das Risiko dafür erhöhen, 2. durch unbewusste Konflikte und damit verbundenen Stress eine körperliche Erkrankung oder zumindest körperliche Beschwerden verursachen, 3. durch unbewusste Konflikte eine psychische Erkrankung auslösen.

Die Psychosomatik beschäftigt sich mit den Zusammenhängen zwischen Psyche und Körper und damit, wie Gedanken und Gefühle den Körper beeinflussen können. Kein Wunder also, dass ich durch meine Arbeit mit vielen Gesundheitssaboteuren in Kontakt komme. Gesundheitssaboteure greifen massiv in das Leben eines Menschen ein. Man kann mit Konflikten leben, indem man bestimmten Menschen aus dem Weg geht. Man kann über das Scheitern seiner Träume hinwegkommen und einen neuen Lebensentwurf für sich entwickeln. Aber mit dem eigenen kranken Körper ist man jederzeit konfrontiert und kann ihn nicht ausblenden. Es gibt viele Wechselwirkungen zwischen Körper und Seele. So greift z. B. chronischer Stress in den Cortisol-Stoffwechsel ein. Cortisol ist einerseits ein Stresshormon, andererseits reguliert es auch die Immunabwehr, so dass man bei Stress anfälliger für Infektionen wird. Durch Anspannung kommt es zu flacherer Atmung, ungesunder Körperhaltung, Muskelverspannung und Kopfschmerzen. Unbewusste Konflikte können die Ursache für psychische Erkrankungen sein. Aber nicht nur die natürlichen Zusammenhänge zwischen Körper und Seele kann der Gesundheitssaboteur nutzen. Es gibt auch erlernte Verbindungen zwischen Körper und Geist.

Der *Placebo-Effekt* ist ein Phänomen, das weitverbreitet ist und vielfältig erforscht wird. Es handelt sich dabei um die Erwartung des Menschen, dass etwas Positives eintreten wird, wenn man etwas Bestimmtes tut, z. B. ein Medikament einnimmt. Allein die Erwartung, dass es jetzt besser wird, reicht schon aus, um entsprechende Gehirnregionen zu aktivieren, Körperprozesse in Gang zu bringen und eine auch von außen messbare Wirkung zu erzielen. Das Gegenteil ist der *Nocebo-Effekt*. Hier erwartet der Mensch, dass er durch eine Methode Schaden nehmen wird (z. B. durch Medikamentennebenwirkungen). Den Nocebo-Effekt kann der Gesundheitssaboteur gut für sich nutzen. In der Annahme, dass bereits geringer Stress zu viel für den Körper ist, bestimmte Substanzen zu Brechreiz führen oder bestimmte Klimabedingungen nicht gut für die Gesundheit sind, entwickelt der Körper die entsprechenden Symptome und sorgt so dafür, dass gewisse Tätigkeiten nicht mehr möglich sind. Wenn Sie gerne als Malerin selbständig wären, aber allein bei dem Anblick und dem Geruch von frischer Farbe zu erbrechen beginnen, können Sie sich allenfalls noch auf Bleistift- oder Kohlezeichnungen beschränken, sofern Ihr Körper nicht auch dagegen rebelliert.

MERKE:

Allein die Erwartung, dass etwas Bestimmtes guttut oder schadet, kann ausreichen, um die entsprechende Körperreaktion hervorzurufen.

Eine weitere wirksame Sabotagemethode ist die *Konditionierung*. Diese besagt, dass der Körper bestimmte Zusammenhänge erlernt hat. Zum Beispiel »Wenn ich Kamillentee trinke, dann wird mir übel«. In Wirklichkeit verursacht Kamillentee keine Übelkeit, sondern hilft vielmehr bei Magenverstimmungen. Wenn Sie aber als Kind immer nur dann Kamillentee bekommen haben, wenn Sie einen Magen-Darm-Infekt mit Erbrechen und Durchfall hatten, dann kann es sein, dass der Körper lernt: Kamillentee = Übelkeit, und von da an entsprechend reagiert.

Ein schönes Beispiel für Konditionierung kenne ich von mir selbst. Der Zahnarzt, zu dem ich als Kind regelmäßig gegangen bin, hatte in seinem Wartezimmer ein Tonband mit klassischer Musik laufen. Da die Wartezeiten dort lang waren und das Tonband sich alle halbe Stunde wiederholte, hatte sich bei mir eine ungute Verknüpfung von klassischer Musik und Zahnarzt eingestellt. Obwohl ich im Studium durch Umzug den Zahnarzt gewechselt hatte und von da an keiner klassischen Musikberieselung im Zahnarztwartezimmer mehr ausgesetzt war, bekam ich noch Jahre später jedes Mal Zahnschmerzen, wenn ich ›Pour Adeline‹ hörte. Klarer Fall von Konditionierung. Bei sehr schlimmen und somit sehr einprägsamen Erlebnissen reicht manchmal schon ein einmaliges Ereignis aus, um eine ungute Verknüpfung zwischen Reiz und Körperreaktion herzustellen. Diese Verknüpfungen sind ein gefundenes Fressen für den Gesundheitssaboteur, der dadurch ein breites Spektrum an Erfolgsverhinderungsmöglichkeiten zur Verfügung hat.

MERKE:

Eine schlechte Erfahrung kann ausreichen, damit der Körper jedes Mal in einer vergleichbaren Situation mit Beschwerden reagiert. Die gute Nachricht: Solche Konditionierungen lassen sich auch wieder abtrainieren.

Klassische Sabotagestrategien im Gesundheitsbereich

Die *Heldenstrategie*: Krankheit ist nur was für Weicheier. Ein Indianer kennt keinen Schmerz. Heldenmäßig schleppt man sich krank zur Arbeit, verteilt dort munter seine Viren unter der Beleg- und Kundschaft und liegt anschließend aufgrund von Komplikationen deutlich länger flach, als man ursprünglich durch die einfache Erkältung ausgefallen wäre. Der Saboteur muss nichts anderes tun, als uns zuzuflüstern, dass wir doch so krank gar nicht sind, der Termin doch sooo wichtig ist und wir unverzichtbar sind.

Die *Hypochonderstrategie*: Sie ist das Gegenteil der Heldenstrategie. Hier erzählt uns der Saboteur, dass dieses Zipperlein und jenes Bauchgrummeln Vorboten einer ernst zu nehmenden Erkrankung sein könnten. Und je mehr wir uns dann darauf konzentrieren, desto deutlicher nehmen wir das entsprechende Körpersymptom wahr. Je stärker es in den Vordergrund rückt, desto größer wird unsere Angst vor einer Erkrankung und desto angespannter wird unser Körper. Er reagiert mit Schwitzen, Herzrasen, erhöhtem Blutdruck, Zittern und einigem mehr. Viele schöne neue Symptome, mit denen wir uns dann sorgenvoll auseinandersetzen können. Der nächste Teufelskreis ist schon vorprogrammiert.

Die *Keine-Zeit-Strategie*: »Ich sehe, dass das Benzin fast alle ist, aber ich habe keine Zeit zu tanken.« Beim Autofahren ist allen klar, wie unsinnig diese Argumentation ist. Dummerweise handeln wir in Gesundheitsdingen oft danach. Keine Zeit, mich zu regenerieren, keine Zeit, um mir etwas Gesundes zu essen zu machen. Keine Zeit für Schlaf. Das kann ich später machen, wenn ich wieder weniger Stress habe. Zumindest suggeriert das unser Saboteur. Bis der Körper schlappmacht und längere Zeit ausfällt. Die paar Stunden für mehr Schlaf oder Sport wären gut angelegt gewesen.

Die *Das-hilft-mir-nichts-Strategie*: Wie oft habe ich schon gehört: »Das hilft mir sowieso nicht.« Es handelt sich dabei um eine sehr wirksame Strategie des Saboteurs. Denn wenn Sie überzeugt sind, dass die Zeit für ein bestimmtes Verhalten verschwendet ist, werden Sie den entsprechenden Lösungsvorschlag entweder gar nicht oder nur halbherzig ausprobieren, so dass Sie letztendlich in Ihrer Meinung bestätigt werden. Und eine vielleicht sehr praktikable Lösung gar nicht kennenlernen. Der Nocebo-Effekt gehört auch in diese Kategorie.

FRAGEN ZUR SELBSTREFLEXION
- Wie sieht mein Lebensstil aus? Schade ich langfristig meiner Gesundheit, zum Beispiel durch Rauchen, langes Arbeiten, gekrümmte Körperhaltung, ungesundes Essen oder zu wenig Schlaf?
- Riskiere ich manchmal meine Gesundheit, z. B. durch schnelles Fahren, ungeschützten Geschlechtsverkehr oder Ähnliches?
- Wie reagiere ich auf Stress? Leide ich dann vermehrt unter Schlafstörungen, Übelkeit, Magenschmerzen oder Kopfschmerzen?
- Gab es wichtige Lebensereignisse, vor denen ich krank geworden bin? Hat eine Erkrankung mich bei wichtigen Entscheidungen oder in meiner Karriere beeinflusst?
- Kam eine Erkrankung mir manchmal besonders gelegen oder besonders ungelegen?
- Erkranke ich häufiger als andere an Erkältungen oder Magen-Darm-Infekten?
- Hatte ich schon einmal Beschwerden, für die keine körperliche Erklärung gefunden wurde?
- Sind einige meiner Projekte gescheitert, weil ich plötzlich krank wurde oder mir aufgrund körperlicher Beschwerden die Durchführung nicht möglich war?

ÜBUNGEN

1. Achten Sie auf Ihre Bewegungen. Sind Sie in bestimmten Situationen schusselig? Stolpern Sie öfter? Neigen Sie dazu, sich öfter zu verletzen?
2. Beobachten Sie sich, wie Sie auf Stress reagieren.

AUF DEN PUNKT GEBRACHT

Krankheit ist die letzte Karte, die ein innerer Saboteur ausspielen kann. Der Gesundheitssaboteur agiert, indem er Krankheiten herbeiführt oder das Risiko für Erkrankungen erhöht. Er nutzt dafür bestimmte Mechanismen im Körper, wie zum Beispiel den Placebo- und Nocebo-Effekt oder die Konditionierung. Gleichzeitig führen Wechselwirkungen zwischen Körper und Psyche zu körperlichen Beschwerden bei Stress und Anspannung. Wenn Sie häufig unter Infekten oder anderen Erkrankungen leiden, kann dies ein Hinweis auf einen Gesundheitssaboteur sein.

Wie Sie sicher festgestellt haben, gibt es eine Vielzahl von Strategien, die Ihr Saboteur anwenden kann. Im nächsten Teil geht es nun darum, Ihre eigenen Selbstsabotagemuster zu erkennen, die Vorgehensweise Ihres Saboteurs noch besser zu verstehen und herauszufinden, warum er so handelt.

TEIL III

AUF DER SUCHE NACH DEM TÄTER

KAPITEL 7:
DAS PERFEKTE VERBRECHEN

★ ★ ★

Herlock Sholmes lächelte zufrieden und ein klein wenig selbstverliebt, als er in eine Reihe erwartungsvoller Gesichter sah. Endlich hatte er den Obermufti davon überzeugen können, eine Spezialeinheit zum Aufspüren von Selbstsabotage ins Leben zu rufen.

»Ich möchte Ihnen heute etwas über das perfekte Verbrechen erzählen«, begann er. »Dies ist insofern wichtig, da unser Saboteur genau dies plant. Das perfekte Verbrechen ist nicht etwa eines, für das man ein wasserdichtes Alibi hat; ebenso wenig geht es darum, einem anderen gekonnt die Schuld in die Schuhe zu schieben. Nein, ein perfektes Verbrechen ist vielmehr eines, das gar nicht als Verbrechen erkannt wird. Stellen Sie sich vor, Sie begehen einen Diebstahl und kein Mensch merkt, dass etwas abhandengekommen ist. Oder Sie schädigen einen anderen, und jeder hält es für einen bedauerlichen Unfall. Kein Mensch kommt auf die Idee, Nachforschungen anzustellen. Niemand sucht einen Schuldigen. Das, meine Damen und Herren, ist das perfekte Verbrechen. Wenn Sie ein perfektes Verbrechen begehen, brauchen Sie kein Alibi und müssen auch nicht Ihr Motiv verbergen. Denn keiner wird je nach Ihnen suchen, keiner wird Sie verdächtigen.

Als ich mich gezielt mit der Verbrechersuche zu beschäftigen begann, hörte ich von einem Mann, der ein wertvolles Sachstück unter tragischen Umständen verloren hatte. Alle bedauerten ihn, und auch ich war ursprünglich der Annahme, dass es sich hier um eine Verkettung unglücklicher Umstände handelte. Aber sein Gesicht kam mir bekannt vor. Diese Nase hatte ich schon einmal irgendwo gesehen. Daher stellte ich Nachforschungen an und fand einen ähnlichen Fall. Auch da hatte jemand einen Wertgegenstand verloren. Der Name des Pechvogels lautete anders, aber es handelte sich zweifellos um dieselbe Person. Und je intensiver ich nachforschte, desto mehr ähnlich gelagerte Fälle fand ich. Dies konnte kein Zufall sein. Und so kam ich einem Meisterverbrecher auf die Spur, der über viele Jahre mehrere Versicherungsgesellschaften betrogen hatte, ohne dass irgendjemand auf die Idee gekommen war, dass es sich hier um ein Verbrechen handeln könnte. Erst durch meinen Scharfsinn konnte er überführt werden. Unser Saboteur agiert genau so. Er versucht zu verhindern, dass seine Aktionen als Sabotage erkannt werden.«

Herlock machte eine kurze Pause und hinter ihm erschien die nächste Folie seines Vortrags. »Muster!«, begann er erneut. »Es handelt sich immer um die Frage, ob ein bestimmtes Muster erkennbar ist. Die Sabotageakte lassen sich erst lösen, wenn Sie das dahinterliegende Muster erkannt haben. Schauen Sie daher nicht nur nach dem aktuellen Geschehen, sondern reisen Sie in die Vergangenheit, schauen Sie sich ähnlich gelagerte Vorfälle an und suchen Sie nach einem Punkt, der all diese Vorfälle verknüpft. So erst können wir gemeinsam ein perfektes Verbrechen vereiteln und einen Meisterverbrecher ergreifen.«

Ganz hinten in der Ecke war ein Zuhörer eifrig mit Notizen beschäftigt. Die Zungenspitze hing ihm vor Anstrengung aus dem linken Mundwinkel, während er die vor ihm liegenden Seiten mit seiner Krakelschrift füllte. Seine Notizen sahen jedoch anders aus als die der wissbegierigen Spezialkräfte um ihn herum. Unter anderem stand dort zu lesen: »Muster vermeiden; auf keinen Fall mit bestimmten Vorfällen in Zusammenhang gebracht werden.« Der Saboteur wusste genau, was er wollte: die Methoden seiner Gegner studieren und sie in seiner Planung berücksichtigen.

Vielleicht haben Sie mittlerweile ein Gespür dafür entwickelt, wo sich Ihr Saboteur in Ihr Leben einmischt und auf welche Weise er dies tut. Dennoch ist es nicht einfach, ihn zu entdecken, denn unser Gehirn arbeitet gegen uns und möchte eigentlich nicht, dass wir genauer hinsehen. Stattdessen gaukelt es uns vor, dass irgendwelche Umstände schuld an diesem und jenem Missbehagen sind.

Wenn Sie ein begeisterter Krimileser sind und wie ich klassische Kriminalromane mögen, kennen Sie vermutlich den Aha-Effekt am Ende des Buches: Der Täter war ein ganz anderer, als wir ursprünglich angenommen hatten. Während der gesamten Lektüre hat nichts auf ihn hingewiesen, aber plötzlich bei der Auflösung rückt alles ins richtige Licht, und wir fragen uns, warum wir nicht früher darauf gekommen sind. Der Trick beim Schreiben guter Kriminalromane ist der, den Verdacht zunächst bewusst auf andere zu lenken. Und unser Gehirn tut das auch.

Wenn wir unserem Saboteur auf die Schliche kommen wollen, hilft es, wie ein Detektiv vorzugehen und verschiedene Möglichkeiten zu durchdenken. Wie gut, dass wir mit Herlock Sholmes einen Meisterdetektiv an unserer Seite haben, der uns dabei hilft, bestimmte Muster zu finden, den Tathergang zu rekonstruieren und das Motiv zu erkennen.

Der Raum der ungelebten Träume

Wie Sie aus dem Vortrag unseres Meisterdetektivs entnehmen konnten, geht es auch bei der Suche nach unbewusster Selbstsabotage darum, ähnlich gelagerte Fälle zu finden und das dahinterliegende Muster zu erkennen. Vielleicht hatten Sie beim Erwerb dieses Buches ein bestimmtes Problem im Hinterkopf, mit dem Sie umgehen lernen möchten. Doch was ist, wenn das aktuelle Problem nur die Spitze des Eisbergs ist? Was, wenn es da noch viele andere Sabotageakte gab, die Ihnen nur nicht bewusst waren? In diesem Kapitel möchte ich Sie dazu anleiten, auf die Suche nach Ihrem ganz eigenen Sabotagemuster zu gehen. Und dazu brauchen Sie nicht nur einen Einblick in aktuell vorliegende Probleme, sondern insbesondere auch eine genaue Analyse Ihrer bisherigen gescheiterten Vorhaben. Begeben wir uns daher gemeinsam zu einem virtuellen Ort, der einer der Lieblingsplätze des Saboteurs ist: dem Raum der ungelebten Träume.

Dort finden sich die Erinnerungen an all die Projekte, die wir begonnen, aber nicht weitergeführt haben. Seit unserer Kindheit sammeln wir in diesem virtuellen Raum die Überbleibsel unserer Wünsche und Pläne an, die nicht Realität geworden sind. Jedes Jahr und mit jedem geplatzten Neujahrsvorsatz wird dieser Raum voller. Und wie es so ist mit überfüllten und zugemüllten Räumen, in denen nur noch nutzlose und defekte Gegenstände herumliegen, meiden wir diesen virtuellen Raum ebenso, wie wir den seit 30 Jahren vernachlässigten Dachboden meiden. Ein ideales Versteck für den Saboteur. Nicht nur ist die Wahrscheinlichkeit gering, dass wir freiwillig diesen Ort wieder aufsuchen, der

Saboteur fühlt sich hier auch besonders wohl – inmitten seiner größten Triumphe und Trophäen.

Den Raum der ungelebten Träume zu betreten ist sehr schmerzhaft, und da Sie ja gelernt haben, dass Ihr Gehirn alles tut, um Schmerz zu vermeiden, ahnen Sie wohl schon, dass es nicht leicht sein wird, sich diesen Raum zu erschließen. Dennoch ist es unvermeidbar, wenn wir unsere Sabotagemuster erkennen wollen. Wollen wir die Schutzbarrieren unseres Denkens und Fühlens umgehen, so müssen wir sowohl auf unserer äußeren Bühne (dem tatsächlichen Handeln) wie auch auf unserer inneren Bühne (dem inneren Erleben) arbeiten. Zudem brauchen wir eine Menge Geduld und Beharrlichkeit.

MERKE:

Um unsere Sabotagemuster besser zu erkennen, müssen wir uns mit unseren gescheiterten Projekten der Vergangenheit auseinandersetzen.

Für die nachfolgende Aufgabe sollten Sie zwei bis drei Stunden einplanen. Vermutlich haben Sie nicht nur in Ihrem Inneren einen Raum, der vollgestopft ist mit den Trümmern alter Projekte. In der Regel gibt es so einen Ort auch tatsächlich in Ihrem Leben. Bei manchen ist es der oben erwähnte Dachboden, bei anderen ein Keller oder ein alter Schrank. Begeben Sie sich daher heute dorthin, wo sich Überbleibsel Ihrer Vergangenheit angesammelt haben, und schauen Sie sich diese Gegenstände an. Sehen Sie alte Artikel und Fotos durch, die vielleicht von einer vielversprechenden Sportkarriere oder einem früheren Hobby zeugen oder glückliche, mittlerweile aber nicht mehr existente Beziehungen zeigen. Suchen Sie alte Tagebuchaufzeichnungen hervor, sofern Sie irgendwann einmal Tagebuch geführt haben. Auch alte Schulhefte eignen sich hervorragend. Vielleicht finden Sie ein zerbrochenes Skateboard, einen verstaubten Pokal, eine vergilbte Urkunde. Alte Mitschriften verknüpfen Sie vielleicht mit einer abgebrochenen Weiterbildung. Und Prospekte von Immobilienmaklern erinnern Sie daran, dass Sie einmal ein Haus kaufen wollten. Nehmen Sie sich viel Zeit beim Stöbern, halten Sie die Gegenstände in der Hand und hängen Sie Erinnerungen nach. Überlegen Sie sich, mit welchen Erwartungen und Hoffnungen bestimmte Objekte angeschafft oder Beziehungen und Jobs begonnen wurden, und sammeln Sie alle unvollendeten Projekte in Ihrem Saboteur-Arbeitsbuch. Ihr Schmerzvermeidungsnotfallprogramm wird Ihnen vermutlich immer wieder zuflüstern, dass sich die Mühe nicht lohnt. Es wird behaupten, dass Sie dieser Schritt nicht weiterbringt, dass Sie daher erst einmal weiterlesen sollten und eine kurze gedankliche Auseinandersetzung mit der Vergangenheit reichen wird. Ich empfehle Ihnen, nicht auf diese Gedanken zu achten und tatsächlich in Ihren alten Relikten zu stöbern. Dadurch setzen Sie sich viel intensiver mit diesem unangenehmen Thema auseinander, als wenn Sie nur kurz daran denken, und es werden Ihnen garantiert mehr gescheiterte oder abgebrochene Projekte einfallen als nur aus dem Gedächtnis heraus.

TIPP:
Ihr Schmerzvermeidungsprogramm wird Sie davon abhalten wollen, sich mit gescheiterten Projekten zu befassen. Ignorieren Sie es. Führen Sie diese Aufgabe tatsächlich und nicht nur in Gedanken durch. Am besten gleich jetzt.

Die Tür zu Ihren unerfüllten Wünschen

Wenn Sie genug Zeit mit dem Sortieren Ihrer Vergangenheit verbracht und möglichst viele Überreste alter Träume ausgegraben haben, bearbeiten wir nun als nächsten Schritt die innere Bühne. In einer Imaginationsübung werden Sie Ihren Raum der ungelebten Träume kennenlernen und ihn emotional und in Ihrer Phantasie immer wieder betreten können. Sie benötigen dafür einen Zeitraum von ca. 30 Minuten, in dem Sie ungestört sind. Die Imaginationsübung, die Sie nachfolgend abgedruckt finden, gibt es auch auf meiner Website www.coaching-azur.de zum Anhören und zum Herunterladen. Es ist viel leichter, sich Phantasieräume zu erschaffen, wenn man dabei die Augen geschlossen hat. Und da man mit geschlossenen Augen nicht gut lesen kann, ist das Anhören oft die bessere Wahl.

IMAGINATIONSÜBUNG
1. Machen Sie es sich auf einem Stuhl oder im Bett bequem und schließen Sie die Augen. Atmen Sie ruhig ein und aus. Beobachten

Sie dabei, wie sich Ihr Körper im Gleichklang Ihrer Atemzüge bewegt, wie sich der Brustkorb hebt und senkt. Stellen Sie sich vor, wie Sie mit jedem Atemzug Ihre Gedanken ausatmen, immer wieder, bis kein Gedanke mehr in Ihrem Kopf ist, und Sie sich ganz auf die Atmung konzentrieren können.

2. Nun sehen Sie vor Ihrem inneren Auge eine Tür entstehen. Sie wissen, was sich hinter dieser Tür verbirgt. Es ist der Eingang, der Sie zu Ihrem Raum der ungelebten Träume führen wird. Wie sieht die Tür aus? Ist es eine winzig kleine Tür, bei der Sie sich bücken müssen, um hindurchzukommen? Oder ein großes Portal mit beeindruckenden Ornamenten? Handelt es sich um eine große Eichentür mit Eisenscharnieren oder eine ganz schlichte Tür, wie man sie in gewöhnlichen Häusern findet? Wie ist das Schloss beschaffen? Aus welchem Material besteht es? Ist es irgendwie verziert? Wo ist es angebracht? In normaler Höhe oder etwa ganz unten / ganz oben?

3. Während Sie das Schloss betrachten, sehen Sie, dass der Schlüssel zur Tür steckt, und Sie öffnen nun das Schloss. Vielleicht lässt sich der Schlüssel nicht so leicht herumdrehen, aber zuletzt gelingt es Ihnen. Sie öffnen nun die Tür. Lässt sie sich leicht öffnen oder müssen Sie viel Kraft aufwenden, um den Raum betreten zu können?

4. Im Raum ist es dunkel, und Sie müssen sich genau umsehen, um etwas erkennen zu können. Wie groß ist der Raum? Handelt es sich um eine riesige Halle oder ist es ein winziges Kämmerchen? Sind die verschiedenen Gegenstände in Regalen geordnet oder liegt alles wild durcheinander? Sehen Sie Spinnweben oder scheinen unsichtbare Helfer den Raum sauber zu halten? Nehmen Sie nun einen tiefen Atemzug. Was riechen Sie? Riecht der Raum muffig, nach altem Papier, gar unangenehm, als wären noch Essensreste nicht entsorgt worden, oder riecht er frisch und sauber?

5. Nun durchqueren Sie aufmerksam den Raum und schauen genau,

was er enthält. Welche der vergangenen Projekte können Sie wiedererkennen? Welche alten Träume finden Sie hier wieder? Nehmen Sie sich viel Zeit, um sich alles anzusehen. Vielleicht fallen Ihnen dabei Gegenstände auf, die noch in diesem Raum existieren, aber an die Sie schon gar nicht mehr gedacht haben. Nehmen Sie diese ruhig in die Hand und betrachten Sie sie näher. Dann gehen Sie weiter zum nächsten Gegenstand. Schauen Sie sich lange und gründlich um.

6. Irgendwann spüren Sie, dass es nun Zeit ist, den Raum zu verlassen. Wenn Sie die Tür abgeschlossen haben, stecken Sie den Schlüssel in Ihre Tasche, so dass kein anderer außer Ihnen den Raum betreten kann. Bleiben Sie noch einmal kurz vor der Tür stehen und finden Sie ein Wort oder eine Geste, die Sie emotional mit diesem Ort verbinden, so dass Sie jederzeit wieder dorthin zurückfinden. Dann kehren Sie langsam wieder ins Hier und Jetzt zurück. Nehmen Sie einen tiefen Atemzug, bewegen Sie Ihre Beine, schließen und lockern Sie die Hände und öffnen anschließend die Augen.

Eine Imaginationsreise ist nicht immer leicht, manchmal gibt es innere Widerstände, die uns ablenken. Oder wir bekommen das Bild nicht zu fassen, das vor unserem geistigen Auge entstehen soll. In diesem Fall empfehle ich, es zu einem anderen Zeitpunkt und eventuell auch mehrmals zu versuchen, denn manchmal klappt es ein andermal besser. Die meisten Imaginationsreisen sollen Sie zu schönen Orten führen. Diese Phantasiereise hat Sie aber zu einem eher ungemütlichen und traurigen Ort geführt. Oft wird uns erst jetzt bewusst, wie viele kleine und größere Träume wir im Laufe unseres Lebens schon aufgegeben haben, und allein die Vielzahl der hier angesammelten Objekte kann zu Beklemmungen führen. Und doch ist es wichtig, dass Sie sich mit Ihren gescheiterten Projekten auseinandersetzen, denn sie können Ihnen helfen, den Saboteur aufzuspüren.

TIPP:
Imaginationsübungen klappen nicht immer auf Anhieb. Wiederholen Sie die Übung zu einem anderen Zeitpunkt, wenn Sie beim ersten Mal keinen Zugang zu Ihrem inneren Raum bekommen konnten.

Das Erstellen einer Verbrechenskartei

Nachdem Sie nun einen Einblick in die Vielzahl Ihrer unerledigten Projekte bekommen haben, geht es im nächsten Schritt um leidige Recherche- und Dokumentationsarbeiten. Dies ist zwar eher langweilig, aber es gehört zu jeder guten Ermittlungsarbeit dazu. Je intensiver Sie sich mit dieser und der nachfolgenden Aufgabe beschäftigen, desto mehr Sabotagemuster werden Sie erkennen können. Nehmen Sie sich daher für die nächsten beiden Übungen mehrere Tage Zeit.

Aus Kriminalfilmen kennen Sie vermutlich den Begriff Verbrecherkartei. In dieser sind alle verdächtigen Personen festgehalten. Wir benötigen bei unserer Jagd auf den Saboteur keine Verbrecherkartei, denn wir ahnen ja schon, wer für die ganzen Sabotageakte verantwortlich ist. Stattdessen empfehle ich Ihnen, eine *Verbrechenskartei* anzulegen, in der alle sabotageverdächtigen Projekte überschaubar geordnet und katalogisiert sind. Der nächste Schritt besteht daher darin, Ihre unvollendeten Projekte nochmals genauer zu betrachten, alle dazu nötigen Informationen aufzuschreiben und in einem übersichtlichen System zu ordnen. Am besten nehmen Sie sich dazu mehrere lose Kärtchen, die Sie in einer Box aufbewahren. Sie können alternativ auch Ihr Saboteur-Arbeitsbuch nutzen, jedoch ist es später bei der Suche nach einem gemeinsamen Muster leichter, mit losen Seiten zu arbeiten, da sie diese vor sich ausbreiten und immer wieder unterschiedlich anordnen können.

Verwenden Sie für jedes Ihrer gescheiterten Projekte eine eigene Seite bzw. ein eigenes Kärtchen. Geben Sie dem Projekt einen Namen und schreiben Sie auf, in welchem Jahr dieses Vorhaben erstmals geplant wurde und in welchem Zeitraum Sie an seiner Verwirklichung gearbeitet haben. Ordnen Sie das Projekt zudem einer der folgenden Kategorien zu: a) Beziehung, b) Beruf, c) Körper, d) Sonstiges. Eine Weiterbildung würden Sie folglich unter Beruf einordnen, den Versuch, Gewicht zu reduzieren oder sportlicher zu werden, unter Körper. Schätzen Sie außerdem ein, wie wichtig Ihnen damals das Projekt gewesen ist (auf einer Skala von 1–10), wie viele Ressourcen (Zeit, Geld und Emotionen) Sie dafür aufgewandt haben und ob dieses Projekt immer noch aktuell und ersehnt ist oder ob Sie es unter »Jugendsünde« längst schon abgeheftet haben.

Und noch weitere Informationen sollten Sie auf dem jeweiligen Karteikärtchen sammeln: Welche Träume haben Sie mit dem damaligen Projekt verbunden, welche Gedanken und innere Bilder sind damals aufgetaucht? Welche Ängste und Zweifel sind damals entstanden? Wie waren die Umstände, als Sie das Projekt begonnen haben? Und wie war Ihre Lebenssituation, als Sie das Projekt vorerst begraben haben? Welche Personen haben Sie in Ihrem Vorhaben unterstützt? Welche haben die Idee eher kritisiert? Was waren die Gründe, warum Sie das Projekt schließlich gestoppt haben?

Je mehr Informationen Sie zu jedem Projekt finden, desto besser können Sie später Gemeinsamkeiten und Zusammenhänge erkennen.

TIPP:
Um gemeinsame Muster erkennen zu können, benötigen Sie zunächst eine Menge an Informationen. Nehmen Sie sich daher ausreichend Zeit für eine umfangreiche Recherche und halten Sie alle gefundenen Merkmale in einer Kartei fest.

Die Suche nach Übereinstimmungen

Wir Menschen sind von Natur aus darauf ausgelegt, Muster zu erkennen. Diese Fähigkeit hat früher unser Überleben gesichert. Indem ihnen bestimmte Muster vertraut waren, konnten unsere Vorfahren eine Veränderung in ihrem Umfeld bemerken und einen Säbelzahntiger rechtzeitig entdecken, bevor er zu nahe kam, oder eine Verhaltensänderung des Rivalen registrieren, bevor er die Keule auf den Kopf seines Gegners niedersausen ließ. Auch heute, in unserer digitalisierten Welt, hat das Erkennen von Mustern eine enorme Bedeutung. Es hilft uns dabei, uns zurechtzufinden, logisch zu denken und unsere Arbeit auszuüben. Von daher sollte die folgende Aufgabe eigentlich nicht schwer sein. Zu dumm nur, dass unser Gehirn zwar gut Muster erkennen kann, aber nicht, wenn damit negative Gefühle verbunden sind, die es vermeiden möchte. Unser Schmerzvermeidungsmechanismus im Gehirn möchte uns viel lieber weismachen, dass wir nur ein Opfer der Umstände waren und nicht selbst unser ärgster Feind sind. Gehen Sie also davon aus, dass Sie zunächst keine Gemeinsamkeiten in Ihren gescheiterten Vorhaben erkennen werden, sondern vielmehr Unterschiede feststellen, wie um sich selbst zu beweisen, dass es gar keine Zusammenhänge gibt. Diesen Schmerzvermeidungsmechanismus können Sie umgehen, indem Sie eine innerliche Distanz zu den zu analysierenden Projekten schaffen. Sie können sich zum Beispiel vorstellen, dass Sie ein Detektiv sind, der ein Verbrechen aufdecken muss. Oder Sie sind ein passionierter Rätsellöser und sollen nun möglichst viele Gemeinsamkeiten in den vor Ihnen liegenden Kärtchen entdecken. Auf jeden Fall sollten Sie jede emotionale Verbindung auflösen. Tun Sie einfach so, als hätten Sie damit in keiner Weise etwas zu tun.

Eine gute Idee ist es auch, sich auf der Jagd nach dem Saboteur in kleinen Gruppen zusammenzuschließen. Dort können Sie gemeinsam oder – noch besser – gegenseitig die Kärtchen des anderen analysieren. Damit haben Sie wirklich alle emotionalen Verbindungen unterbrochen.

TIPP:
Suchen Sie sich am besten Gleichgesinnte und analysieren Sie gegenseitig Ihre Projekte. Beim anderen sind Sie emotional weniger befangen und bemerken schneller auffällige Muster.

Zumindest eine Gemeinsamkeit weisen alle Projekte in Ihrer Verbrechenskartei auf: In jedes Ereignis sind Sie involviert, mit jedem Ereignis haben Sie in irgendeiner Weise zu tun. Dies wird jedoch nicht die einzige Übereinstimmung sein. Versuchen Sie daher, möglichst viele Ähnlichkeiten zu finden. Manchmal kommt dabei zunächst Triviales zum Vorschein, z. B. »Jedes Mal, als ich auf die Idee kam, stand ich an einer roten Ampel«. Verwerfen Sie solche Einfälle nicht, sondern schreiben Sie auch die unsinnigsten Zusammenhänge auf. Dies trainiert das Gehirn zum Weiterdenken. Oft denken wir nämlich in zu geraden Bahnen. Die ungewöhnlichen Einfälle helfen uns dabei, um die Ecke zu denken. Und um die Ecke denken müssen Sie. Läge die Lösung auf der Hand, so hätten Sie sie schon längst gefunden.

Überlegen Sie sich zu Beginn, ob es örtliche oder zeitliche Gemeinsamkeiten gab, die verschiedene Projekte verbinden. Waren jeweils bestimmte Personen (als Kritiker oder als Unterstützer) involviert? Gab es ähnliche Hoffnungen, die mit dem Ausmalen der Zukunftsträume verbunden waren, oder hatten Sie ähnliche Befürchtungen während der Projektplanung? Vor allem ist es auch wichtig, die Lebenssituation zu Beginn der Planung und Ihre Situation bei vorzeitiger Beendigung des Projekts auf Übereinstimmungen zu prüfen.

Nach und nach werden Ihnen vermutlich bestimmte Muster auffallen. Sollte Ihnen dabei ein erschrockenes »oh, shit« über die Lippen kommen, so sehen Sie sich das nach. Dies ist ein sicheres Zeichen dafür, dass Sie auf der richtigen Spur sind und ganz langsam begreifen, dass Sie schon seit sehr langer Zeit einer Sabotageserie zum Opfer fallen und dass alles auf einen Täter hinweist: auf Sie selbst.

FRAGEN ZUR SELBSTREFLEXION
- Welche Projekte hatte ich schon begonnen und wieder verworfen? Warum?
- Welche Vorhaben haben bisher gut geklappt? Was unterscheidet diese von den gescheiterten Projekten?
- Zu welcher Kategorie gehören die gescheiterten Projekte überwiegend? Handelt es sich dabei um gesundheitsbezogene, leistungsbezogene oder beziehungszentrierte Themen?
- Gibt es bestimmte Personen, die als Unterstützer oder Zweifler häufig in die gescheiterten Projekte involviert waren? Inwiefern?
- Gibt es bestimmte Erwartungen oder Ängste, die immer wieder bei den gescheiterten Projekten aufgetaucht sind?

ÜBUNGEN

1. Arbeiten Sie an Ihrer Verbrechenskartei und schreiben Sie so detailliert wie möglich alle dazugehörigen Faktoren auf, um Muster herauszuarbeiten.
2. Nehmen Sie die Liste der guten Vorsätze zur Hand, die Sie ganz am Anfang des Buches aufgeschrieben haben (siehe S. 27). Wie sehr haben Sie in den letzten Wochen an diesen Vorsätzen gearbeitet? Aus welchen Gründen haben Sie die Liste evtl. vernachlässigt? Welche Muster können Sie dort wiedererkennen?
3. Nehmen Sie Kontakt auf mit alten Freunden und Verwandten, um mehr über Ihre damalige Begeisterung hinsichtlich der Projekte zu erfahren.
4. Suchen Sie sich Gleichgesinnte, um gemeinsam oder gegenseitig auf Mustersuche zu gehen.

AUF DEN PUNKT GEBRACHT

Der Raum der ungelebten Träume ist ein Ort in unserem Gedächtnis, an dem wir die Erinnerung an gescheiterte Projekte aufbewahrt haben. Daran zu denken ist in der Regel schmerzhaft und wird daher vermieden. Um sich den inneren Raum wieder zu erschließen, braucht es eine Auseinandersetzung mit sich selbst. Indem wir genauer hinschauen, was letztendlich zum Scheitern geführt hat, erkennen wir besser das Wirken und die Technik unseres Saboteurs.

Verwenden Sie zudem viel Zeit und Kreativität, um Zusammenhänge und Muster zu erkennen. Je besser Sie verstehen, warum Ihre früheren Projekte gescheitert sind, desto frühzeitiger können Sie zukünftige Sabotageakte erkennen und verhindern.

KAPITEL 8:
REKONSTRUKTION DES TATHERGANGS

★ ★ ★

Endlich war der Durchbruch da. Erstmals hatte Herlock Sholmes glasklar das Vorhandensein des Saboteurs nachweisen und seine Identität aufdecken können. Der Täter war zwar entkommen, aber es blieb kein Zweifel darüber, wie die ganze Aktion abgelaufen war. Der Obermufti zeigte sich hocherfreut und gleichzeitig auch beeindruckt von dem Scharfsinn des Meisterdetektivs.

»Sholmes«, begann er wissbegierig, »wie sind Sie denn auf die Idee gekommen, dass er der Täter war? Ich hätte es wohl nie erraten.«

Herlock Sholmes lächelte selbstgefällig und beugte sich zu dem Gedankenminister hinüber. »Wissen Sie, am Anfang habe auch ich gar nicht an ihn gedacht. Nichts deutete auf ihn hin. Anderen wiederum traute ich es nicht zu. Der Täter hingegen hatte sehr wohl einen Grund für das Verbrechen. Ich kenne ihn nur flüchtig, da er aus dem Untergrund kommt, aber ich hatte ihn schon gleich zu Beginn als überheblich und dabei skrupellos eingeschätzt. Der typische Verbrechercharakter also. Bis auf die Tatsache, dass er es unmöglich getan haben konnte. Ich forschte hier und recherchierte da, stieß aber immer wieder auf das gleiche Problem: Diejenigen, die die Gelegenheit hatten, hatten kein Motiv. Der, dem ich es zutraute, hatte nicht die Gelegenheit.

Irgendwann ging ich dazu über, meine Perspektive zu ändern. Ich begann, alle Fakten des Falles infrage zu stellen, alles noch einmal anzuzweifeln. Und plötzlich entdeckte ich, dass ich tatsächlich Dinge einfach angenommen hatte, weil sie so berichtet wurden. Aber von wem wurden sie erzählt? Zum einen vom Saboteur selbst, zum anderen von Personen, die ungefragt das übernommen hatten, was sie gehört hatten. Und so machte ich mich an die Nachforschung, wie es wirklich geschehen war. Ich zweifelte alles an, was ich nicht selbst überprüft hatte. Und merkte, dass so gut wie alles nur ein künstliches Konstrukt war. Die Sabotage hatte gar nicht zu dem Zeitpunkt stattgefunden, von dem wir ausgegangen waren. Und auch die Annahmen über die Beteiligten waren zum größten Teil falsch. Plötzlich rückte alles in den richtigen Kontext, und ich konnte erkennen, wie unser Täter es geschafft hatte, die Sabotage zu begehen und dafür ein Alibi zu haben. Ich suchte nun gezielt nach Indizien dafür, dass es anders gewesen war – und wurde fündig. Das einzig Traurige an der Sache ist nur, dass er uns wieder entwischt ist.« Mit einem kurzen Bedauern, aber insgesamt doch sehr selbstzufrieden lehnte Herlock sich wieder in seinen Ohrensessel zurück und faltete die Hände. »Dieses Mal ist er entwischt, aber nun weiß ich, wer es ist, und beim nächsten Mal fange ich ihn und stelle ihn zur Rede.«

Auf der Jagd nach Ihrem Saboteur werden Sie vermutlich immer wieder überrascht werden. Denn oft ist alles ganz anders, als Sie dachten. Nicht die äußeren Umstände, die Herkunft oder Tante Erna sind schuld, sondern Sie selbst hatten einen entscheidenden Anteil am Geschehen. Und das, obwohl Sie bislang allen stichhaltig erklären und beweisen konnten, dass Sie mit der ganzen Sache nichts zu tun hatten.

Leser von Kriminalromanen kennen vermutlich folgende

Schlusssequenz: Der Hauptverdächtige ist unschuldig; als eigentlicher Täter entpuppt sich eine Person, die entweder ein gutes Alibi oder kein Motiv hatte und nie richtig in Betracht gezogen worden war. Und mit der Auflösung und Klärung des Tathergangs wird plötzlich alles logisch und schlüssig. So ähnlich verhält es sich auch mit der Suche nach dem Saboteur. Wenn wir erst einmal die Hypothese entwickelt haben, dass wir einen destruktiven Anteil in uns haben und dass dieser (also genau genommen wir selbst) einen wesentlichen Beitrag zu unserem Scheitern leistet, verfolgen wir eine neue Spur. Und wenn wir uns überlegen, wie genau dieser Saboteur das zuwege bringen konnte, wird alles plötzlich in sich stimmig und nachvollziehbar.

Sie haben auf den vorhergehenden Seiten nach Mustern gesucht und wahrscheinlich einige gefunden. So langsam können Sie sich vermutlich mit dem Gedanken anfreunden, dass Ihre mit Begeisterung begonnenen Projekte tatsächlich einem Sabotageakt zum Opfer gefallen sind. Aber wie, um Himmels willen, hat Ihr Saboteur das nur gemacht? Dem wollen wir nun auf die Spur kommen. Der erste Schritt ist ähnlich wie in der Erzählung von Herlock Sholmes, nämlich alles infrage zu stellen, was Sie wissen und was Sie gehört haben. Warum? Weil unsere Grundannahmen uns trügen können und wir dadurch zu falschen Schlüssen kommen.

Ver-rückte Perspektive

Nicht immer ist das, was uns offensichtlich erscheint, auch wirklich wahr. Vor einiger Zeit hat mir meine Cousine mehrere Fotos von einem Junggesellinnenabschied gezeigt, die gleichzeitig verwirrend und witzig waren. Auf einem balancierte sie einhändig auf einem Toaster, in der anderen Hand eine Sektflasche. Auf einem anderen baumelte sie kopfüber von der Decke und hatte sich im Kronleuchter verhakt. Auch in weiteren Bildern konnte ich meine Cousine bewundern, die an der Decke die witzigsten Verrenkungen machte. Natürlich war mir sofort klar, dass der Junggesellinnenabschied in einem Haus stattgefunden hatte, in dem alles verkehrt herum aufgebaut war, und dass sie in Wirklichkeit der Schwerkraft kein Schnippchen geschlagen hatte. Aber die Fotos hatten dennoch etwas sehr Skurriles.

In vielerlei Hinsicht sind wir bereits sehr gut darin, Muster zu erkennen. Vertrautes und Erlerntes wird gespeichert, und neue Eindrücke werden in dieses Muster eingefügt. Unser Gehirn zieht dabei Dinge als Referenz heran, von denen es gelernt hat, dass es so und nicht anders zu sein hat. Mein Gehirn (und das der meisten Menschen, wie ich annehme) hat als Referenz gelernt, dass Sofas auf dem Boden stehen und nicht an der Decke festgenagelt sind und dass Kronleuchter von der Decke hängen und nicht aus dem Boden ragen. Und da das Gehirn insgesamt recht stur ist und von dem Gelernten nicht abweichen möchte, muss nun mal meine Cousine diejenige sein, die sich verkehrt verhält, und nicht das Wohnungsmobiliar.

Auch Sie haben, genau wie jeder andere Mensch, bestimmte Meinungen und Annahmen als unumstößliche Wahrheiten gelernt und verinnerlicht. So sehr, dass Sie diese nie wieder infrage gestellt haben. Wenn Sie z. B. gelernt haben, dass man es nur schwer zu etwas bringen kann, wenn man nicht aus einer Akademikerfamilie kommt, erklären sich die gescheiterten Karriereversuche fast von selbst. Zum einen ist die eigene Herkunft schuld, zum anderen die Arbeitgeber mit ihren Vorurteilen. Nur Sie sind nicht verantwortlich, dass es mit dem beruflichen Vorankommen nicht klappt. Denken Sie zumindest. Doch ist das wirklich so?

Solange wir bestimmte Annahmen als Tatsachen hinnehmen und nicht mehr anzweifeln, sind wir ein hervorragendes Ziel für Selbstsabotage. Denn genau diejenigen Einstellungen, die wir als unumstößliche Wahrheiten gar nicht mehr hinterfragen, sind für den Saboteur eine perfekte Tarnung. Um ihn zu entdecken, müssen wir daher alle Wahrnehmungen und Beurteilungen genauer beleuchten und von einer anderen Seite betrachten.

MERKE:

Die Dinge, die wir als unumstößliche Wahrheiten ansehen, werden nicht mehr hinterfragt. Neue Eindrücke werden in das vertraute Denkmuster eingefügt und angepasst. Selbstsabotage wird dadurch oft nicht erkannt.

Die Dinge in einem anderen Licht betrachten

Ein Perspektivwechsel ist gar nicht so einfach. Stellen Sie sich vor, dass Ihr Gehirn wie ein sich ständig veränderndes Straßennetz funktioniert. Viel befahrene Wege werden mit der Zeit ausgebaut und verbreitert, man kommt immer schneller von A nach B. Wege, die kaum genutzt werden, verfallen und sind irgendwann kaum mehr befahrbar. Mit der Zeit geht die Vielfalt der genutzten Straßen zurück, die bestehenden Verkehrswege sind aber bestens präpariert und bequem. Beim Denken verhält es sich ähnlich. Mit zunehmendem Alter optimieren sich unsere Denkprozesse, werden schneller und zielgerichteter, gleichzeitig aber verwenden wir immer dieselben Lösungswege. Wenn wir kreativ sein und ganz neue Ideen entwickeln wollen, sollten wir daher bewusst nicht immer die achtspurige Gedankenautobahn benutzen, sondern auch einmal ungewöhnliche und neue Denkwege erkunden. Das Gehirn ist jedoch auf Effizienz ausgelegt und bevorzugt Routinen, da diese viel weniger Energie verbrauchen als neue Aktivitäten. Wenn Sie also Ihr Handeln aus einer anderen Perspektive beurteilen wollen, müssen Sie wieder einmal einen Anfangswiderstand überwinden. Je häufiger Sie Dinge hinterfragen und alternative Handlungsweisen ausprobieren, desto leichter wird es Ihnen fallen. Um immer wieder neue Perspektiven einnehmen zu können, brauchen Sie zunächst einmal etwas Übung. Gelegenheiten dazu finden Sie im Alltag zum Glück genug. Machen Sie die nächste Woche zu einer Anders-Woche, in der Sie Routinen über Bord werfen und Ihren Alltag komplett anders angehen.

Folgende Dinge können Sie z. B. hinterfragen:
- Warum muss ich am Esstisch immer auf demselben Platz sitzen?
- Warum sollte man den Nachtisch erst zum Schluss und nicht zu Beginn essen?
- Warum eigentlich muss man immer den kürzesten/ schnellsten Weg zur Arbeit nehmen?
- Wer sagt, dass man immer zwei gleichfarbige Socken tragen sollte?
- Wo steht geschrieben, dass man immer mit denselben Menschen zu Mittag essen sollte?
- Warum darf man sich als Erwachsener nicht mehr auf eine Schaukel setzen?
- Woher kommt die Regel, dass man sich auf Bänke setzen muss und sich nicht einfach ins Gras setzen kann?

Sie werden abhängig von Ihrem Alltag sicher viele Routinen und Regelmäßigkeiten finden, die sich im Laufe der Zeit eingespielt haben und die Sie auf den Prüfstand stellen können. Das trainiert nicht nur Ihr Gehirn darin, neue Gedankenautobahnen aufzubauen, sondern kann auch dazu führen, dass Sie beispielsweise bessere Arbeitsabläufe entwickeln, den schöneren (wenn vielleicht auch längeren) Arbeitsweg entdecken, neue Bekanntschaften und Freundschaften schließen. Aber übertreiben Sie es nicht! Wenn Sie die gesellschaftlichen Normen zu sehr missachten, kommen Sie schnell in Schwierigkeiten. Im besten Fall gelten Sie als schrulliger Sonderling, im schlimmsten Fall könnten Ihre Beziehungen oder Ihre Karriere ernsthaften Schaden nehmen. Es ist sicher im Rahmen zu hinterfragen, warum der

Chef denn grundsätzlich und immer recht haben muss. Wenn Sie aber bezweifeln, dass man dem Chef mit einer gewissen Distanz begegnen muss, und ihn daher mit einer herzlichen Umarmung und einem Kuss auf die Wange begrüßen, könnte es sein, dass dieser nicht sehr begeistert ist und über Ihre Versetzung nach Sibirien nachdenkt.

MERKE:
Wenn Sie neue und kreative Lösungswege finden wollen, müssen Sie Alltagsroutinen durchbrechen und Gewohnheiten ändern. Aber alles hat seine Grenzen. Respektieren Sie daher auch soziale Normen.

Das Überprüfen von allgemeinen Ritualen, Traditionen und Gewohnheiten ist eine hervorragende Einstiegsübung. Der nächste Schritt ist schon etwas schwerer: Hinterfragen Sie Ihre Annahmen zu anderen Menschen. Oft nehmen wir Dinge von unseren Mitmenschen an, die wir nie überprüft haben. Sie haben z. B. Ihre Nachbarin nie gefragt, ob sie etwas gegen Sie hat. Sie unterstellen einfach, dass dies so ist, weil Sie diese Nachbarin an Ihre Großtante erinnert, unter deren Abneigung Sie als Kind oft leiden mussten. Wir Therapeuten nennen das *Übertragungshypothesen* und wenden viel Zeit und Mühe dafür auf, solche Grundannahmen zu überprüfen. Diese sind nämlich in der Regel nicht verallgemeinerbar.

Mögliche Fragen zur Überprüfung von Übertragungshypothesen sind:
▸ Ist es wirklich so, dass Ja-Sager beliebter sind?

- Werde ich tatsächlich von anderen gemieden, wenn ich mal meine Meinung äußere?
- Geht der neue Kollege mir wirklich aus dem Weg?
- Ist es real oder nur eingebildet, dass mein Chef mich nicht leiden kann?
- Habe ich Beweise dafür, dass alle mich für unfähig und dumm halten?

Hören Sie genau hin, was andere Menschen sagen, schauen Sie hin, wie sie mit Ihnen umgehen, und finden Sie Gegenbeweise, um Ihre Hypothesen zu entkräften. Stellen Sie alles infrage, was Sie bisher über andere Menschen dachten.

Nachdem Sie nun schon Übung im Hinterfragen von Grundannahmen haben, geht es im dritten und letzten Schritt darum, das zu überprüfen, was Sie bislang von sich und Ihren Fähigkeiten angenommen haben:

- Wer sagt, dass ich unmusikalisch bin und nie ein Instrument werde spielen können?
- Woher kommt die Annahme, dass ich vorlaut und vorschnell bin und mich zurückhalten muss?
- Wie kann ich wissen, dass Brokkoli mir nicht schmeckt, wenn ich ihn zuletzt als Kind gegessen habe?
- Wer sagt, dass ich als Frau immer für die Familie da sein muss?
- Warum sollte ich als Mann keine Gefühle zeigen dürfen?
- Warum sollte ich immer nur Pech in der Liebe haben?
- Kann es wirklich sein, dass ich nie über eine einfache Bürotätigkeit hinauskomme?
- Warum sollte ich allein dafür verantwortlich sein, dass es anderen gut geht?

Das, was Sie als Kind über sich gelernt haben, stimmt schon lange nicht mehr mit der Realität überein. Sie haben sich weiterentwickelt und neue Erfahrungen gemacht. Betrachten Sie daher sich und Ihre Fähigkeiten immer wieder aufs Neue, stellen Sie eigene Grenzen und Annahmen über sich selbst immer wieder auf den Prüfstand.

MERKE:

Hinterfragen Sie Ihre Grundannahmen über sich selbst und über andere. Oft sind diese falsch oder längst schon überholt.

Nach dieser Vorarbeit haben Sie nun etwas Übung darin, Dinge zu hinterfragen, und können nun allgemeine Annahmen über die Welt, über die anderen Menschen wie auch über sich selbst besser anzweifeln. Diese Fähigkeit brauchen Sie, um herauszufinden, wie Ihr Saboteur heimlich und unbemerkt seine Pläne ausführen konnte. Nehmen Sie nun Ihre Verbrechenskartei zur Hand und suchen Sie ein gescheitertes Projekt aus, das Ihnen damals (und vielleicht sogar noch heute) sehr wichtig war und in das Sie schon viel Zeit oder Mühen investiert haben. Auf den folgenden Seiten wollen wir gemeinsam versuchen zu verstehen, wie es zu dem Scheitern gekommen ist und was Ihre eigenen Anteile dabei waren. Für die nächsten drei Übungen sollten Sie sich jeweils ein bis zwei Stunden Zeit nehmen. Lassen Sie zwischen den einzelnen Rollenspielen mindestens einen Tag Abstand.

Rollenspiele

Erinnern Sie sich noch daran, wie unser Schmerzvermeidungsprogramm funktioniert? Richtig: Es gaukelt uns Dinge vor, damit wir unser Selbstbild nicht hinterfragen müssen. Erschwerend kommt nun noch hinzu, dass wir unsere Probleme immer auf dieselbe Weise lösen und daher in unseren Problemlösefähigkeiten ziemlich eingeschränkt sind. Ein Perspektivwechsel fällt somit nicht so leicht. Wenn Sie Ihrem Saboteur auf die Schliche kommen wollen, müssen Sie beide Automatismen umgehen. Dies gelingt am besten mit Rollenspielen. Sie nehmen dabei eine andere Rolle ein. Zum einen schafft dies eine innere Distanz zu dem Problem und schaltet so das Schmerzvermeidungsprogramm aus, zum anderen fördert es die Kreativität und hilft Ihnen dabei, neue Lösungsansätze zu entwickeln. Es macht zudem noch eine Menge Spaß. Probieren Sie es aus!

Der Theaterregisseur

In dieser Übung schlüpfen Sie in die Rolle eines Theaterregisseurs. Nehmen Sie das zuvor ausgewählte Kärtchen Ihrer Verbrechenskartei zur Hand. Stellen Sie sich vor, Sie würden den enthusiastischen Beginn und das anschließende und unvermeidliche Scheitern des Plans als Theaterstück (nach einer wahren Begebenheit) inszenieren. In diesem Drama soll für den Zuschauer offensichtlich werden, wie es nach und nach zur Ernüchterung und schließlich zur Kapitulation kam. Um Ihr Stück zu entwickeln, müssen Sie zuerst folgende grundlegenden Bedingungen klären: Was war die Anfangsszene? Wie war der Handlungsverlauf? Durch welche Ereignisse spitzte sich die Situation nach und nach zu? Welche Personen waren beteiligt? Wer war eventuell nur Statist, wer spielte in dem Stück die Hauptrolle, wer hatte eine tragende Nebenrolle? An welchem Schauplatz fand das Ganze statt und zu welchem Zeitpunkt? Geben Sie dem Stück gerne einen Namen, z. B. »Das Mietdrama« oder »Der Verlust einer großen Liebe«.

Anschließend stellen Sie sich vor, dieses Stück wird zu einem überwältigenden Erfolg, viele Menschen kommen, um es zu sehen, und Sie sind der gefeierte Star. Ein Journalist möchte Sie nun interviewen. Beantworten Sie ihm daher folgende Fragen:

- ▶ Warum haben Sie … als Anfangsszene gewählt? Hätte das Stück eventuell schon früher oder auch zu einem späteren Zeitpunkt beginnen können oder hätte dies den Ausgang wesentlich beeinflusst?
- ▶ Wie haben Sie die Hauptperson/den Bösewicht ausgewählt? Warum war … die perfekte Besetzung für diese Rolle? Welche Eigenschaften waren für Sie zwingend erforderlich, damit sich das Drama zuspitzen konnte? Wäre der Ausgang ein anderer, wenn Sie stattdessen … als Hauptperson/Bösewicht gewählt hätten?
- ▶ Warum war genau dieser Ort entscheidend für die Zuspitzung des Dramas? Hätte es auch funktioniert, wenn Sie Ihr Stück woanders hätten stattfinden lassen?
- ▶ Welche Eigenschaften musste das Opfer zwingend mitbringen, damit die Handlung genau so ablaufen konnte? Hätten auch andere Eigenschaften zu einem ähnlichen Ergebnis führen können?

▶ Welche Bedeutung haben im Stück die Nebenrollen und die Komparsen? Wie hätte es die Dramaturgie verändert, wenn Sie auf einige dieser Personen verzichtet hätten?

Sie können sich noch viele andere Fragen ausdenken. Entscheidend ist, dass Sie als Theaterregisseur durchdenken, wie Sie den Handlungsbogen schlüssig aufbauen, damit das Vorhaben auch zwingend in einem Fiasko endet. Denn daraus erfahren Sie viel über die äußeren Umstände, die zu einem Scheitern geführt haben.

TIPP:
Nehmen Sie sich für jedes Rollenspiel ausreichend Zeit. Je gründlicher Sie sich damit beschäftigen, desto mehr Erkenntnisse werden Sie dabei gewinnen.

Der Saboteur

Als Theaterregisseur konnten Sie mehrere Personen agieren lassen und die Szenerie und den Zeitpunkt bestimmen. In der nächsten Übung geht es um das Handeln einer einzelnen Person (nämlich um Ihr damaliges Handeln). Stellen Sie sich nun vor, Sie sind ein erfahrener Saboteur und möchten, dass ein Projekt auf jeden Fall scheitert. Was könnten Sie tun, um das Vorhaben platzen zu lassen? Angenommen, Sie möchten erreichen, dass ein Mietverhältnis in einem Rechtsstreit endet: Wie müssten Sie die Suchannonce nach einer neuen Wohnung verfassen, damit Sie garantiert den falschen Vermieter anziehen? Wie sollten Sie sich beim ersten Kennenlernen verhalten? Eher zurückhaltend oder forsch? Eher taktierend oder grenzenlos vertrauensvoll? Welchen Standpunkt sollten Sie bei den Verhandlungen der Mietkonditionen einnehmen? Was sollten Sie auf jeden Fall nicht überprüfen? Worauf sollten Sie zwingend bestehen, damit das Mietverhältnis beeinträchtigt wird? Auf welche Klauseln im Mietvertrag sollten Sie achtgeben, welche lieber überlesen, damit es später zu Problemen kommt? Wie sollten Sie sich im Verlauf des Mietverhältnisses verhalten, um den Vermieter gegen Sie aufzubringen? Worauf sollten Sie sofort reagieren, und welche Dinge sollten Sie geflissentlich übergehen? Was könnten Sie sonst noch tun, um die Situation eskalieren zu lassen?

Auch hier können Sie noch etliche andere Fragen stellen. Lernen Sie immer mehr, wie ein Saboteur zu denken, und erfinden Sie die besten Sabotagestrategien. Je mehr Ideen Ihnen einfallen und je abweiger sie sind, desto größer die Chance, dass auch das ein oder andere Aha-Erlebnis dabei ist. Durch die Beschäftigung mit der Vielfalt an Sabotagemöglichkeiten können Sie nämlich immer besser erkennen, welche Ihrer eigenen Handlungen dazu beigetragen haben könnte, dass Ihr Vorhaben so grandios gescheitert ist.

Der missgünstige Verführer

Als Theaterregisseur haben Sie die ganze Szenerie betrachtet und bewertet, als Saboteur haben Sie das Augenmerk auf das eigene Handeln gerichtet. Nun gehen wir noch mehr ins Detail und begeben uns in Ihren Kopf, also auf die gedankliche Ebene. Nehmen Sie nun im letzten Rollenspiel die Rolle eines Verführers ein. Stellen Sie sich vor, Sie sind der kleine missgünstige Mann im Ohr, der uns immer wieder mit bestimmten Urteilen und Gedanken behelligt und zu Reaktionen in seinem Sinne verführen möchte. Welche Einflüsterungen müsste er vornehmen, um den Hauptdarsteller dazu zu bewegen, genau die falschen Dinge zu tun? Was sollte er über die anderen Protagonisten des Dramas denken? Wie müsste er das Projekt beurteilen, um es später garantiert fallen zu lassen? Welche Grundannahmen über sich und seine Kompetenzen sollte er haben, damit es in einem Fiasko endet? Was ist letztendlich der Auslöser für die Beendigung des Projekts?

Vermutlich werden Ihnen bei dieser Übung einige der negativen Einflüsterungen sehr bekannt vorkommen. Die selbstkritische Stimme in Ihrem Inneren kennen Sie nämlich nur zu gut. Zum ersten Mal bringen Sie nun diese ständigen negativen, automatischen Gedanken mit dem Scheitern Ihrer Pläne in Verbindung. Je genauer Sie diese destruktiven Gedanken kennen, umso besser sind Sie für nachfolgende Sabotageakte gerüstet.

MERKE:

Rollenspiele trainieren uns dabei, gewohnte Gedankenmuster zu verlassen und neue kreative Lösungswege zu erreichen. Zudem machen sie auch eine Menge Spaß.

Durch die verschiedenen Rollenspiele haben Sie viele Informationen darüber erhalten, was nötig war, um Ihr Projekt scheitern zu lassen. Setzen Sie nun die einzelnen Bausteine zusammen. Schauen Sie sich nochmal an, warum gerade diese Situation und jene Personen beteiligt waren, welche Ihrer Handlungsweisen das Scheitern begünstigt hat und welche entscheidenden Gedanken Sie zu Ihrem Handeln veranlasst haben. Schreiben Sie diese Informationen auf die Rückseite Ihres Verbrechenskärtchens oder in Ihr Saboteur-Arbeitsbuch.

FRAGEN ZUR SELBSTREFLEXION
- Welche Umstände (Ort, Zeit, Situation) waren an dem Scheitern meines Projekts beteiligt? Finde ich ähnliche Umstände auch bei anderen gescheiterten Projekten? Welchen Einfluss hatte ich auf die Wahl des Orts/des Zeitpunkts/der Situation?
- Welche Personen haben zum Verlauf beigetragen? Warum waren gerade diese Personen bedeutend? Welche Eigenschaften hatten diese Personen? Wie war meine Reaktion auf diese Eigenschaften? Warum habe ich so darauf reagiert? Gibt es evtl. Übertragungshypothesen und erinnern mich diese Personen an jemanden aus der Kindheit?
- Welche eigenen automatischen Gedanken über mich und über die beteiligten Personen haben ein Scheitern mitverursacht? Lassen sich ähnliche Gedanken auch bei anderen misslungenen Vorhaben finden?

ÜBUNGEN

1. Hinterfragen Sie in der nächsten Woche Ihre Gewohnheiten und machen Sie Dinge bewusst anders. Indem Sie sie tatsächlich durchführen und nicht nur in Gedanken, arbeiten Sie intensiv am Ausbau Ihres Straßennetzes im Gehirn.
2. Achten Sie auf Ihre automatischen negativen Gedanken. Versuchen Sie zu überprüfen, wie viel Wahrheit sie enthalten.
3. Überprüfen Sie immer wieder Ihre Annahmen über Ihr Können und Nichtkönnen. Da Sie sich ständig weiterentwickeln, können sich Ihre Fähigkeiten schon längst wieder verändert haben.
4. Analysieren Sie mindestens ein aufgegebenes Projekt und finden Sie dabei heraus, wie Ihr Saboteur vorgegangen ist.

AUF DEN PUNKT GEBRACHT

Akte der Selbstsabotage bleiben oft unentdeckt, wenn das Scheitern eher als Verkettung unglücklicher Umstände gewertet wird und die eigene Beteiligung an dem Geschehen nicht in den Blick genommen wird. Durch einen Perspektivwechsel gelingt es Ihnen besser, den Eigenanteil an der Entstehung des Problems zu sehen. Erst wenn Ihnen bewusst wird, wie sehr Sie an der Entwicklung des Fiaskos mitbeteiligt waren, können Sie Ihren Saboteur erkennen und stoppen. Rollenspiele helfen dabei, weil sie einen anderen, kreativen Zugang zu dem Geschehen vermitteln und außerdem das Schmerzvermeidungsprogramm ausschalten können.

KAPITEL 9:

AUF DEM SCHAUPLATZ DES GESCHEHENS

★ ★ ★

Herlock Sholmes wartete angespannt in der düsteren Ecke eines Hinterhofs, der nur vom schwachen Schimmer der dünnen Mondsichel am Himmel spärlich beleuchtet wurde. Würde er kommen, wie vereinbart? Er war sich nicht ganz sicher, ob es nicht doch eine Falle war, in die der Saboteur ihn da gelockt hatte. Ihn fröstelte trotz der lauen Abendluft. Da! Ein Schatten löste sich aus der Dunkelheit. Sholmes hielt unvermittelt den Atem an. Der Saboteur war tatsächlich erschienen.

»Ich freue mich, Sie zu sehen«, begann Sholmes, doch er wurde sofort von seinem Gegenüber unterbrochen.

»Wir haben keine Zeit für Floskeln«, fiel ihm der Saboteur ins Wort. »Ich bin hier, weil ich es satthabe, dass Sie mich ständig verfolgen. Ich fordere Sie auf, das ab sofort zu unterlassen.«

»Warum sollte ich das?«, fragte der Meisterdetektiv. »Das, was Sie tun, ist Unrecht und gefährdet uns alle. Ich werde Sie so lange verfolgen, bis ich Sie unschädlich gemacht habe.« Seine Stimme war leise, aber scharf.

Der Saboteur ballte erregt die Fäuste. »Sie haben doch keine Ahnung«, knurrte er mit zusammengebissenen Zähnen. »Sie haben doch überhaupt keine Ahnung, wofür ich kämpfe und wogegen ich mich stelle. Ist Ihnen bewusst, wie falsch und verwerflich dieses Regime ist, gegen das ich ankämpfe? Ist Ihnen denn überhaupt bekannt, wie sehr ich schon als Kind gedemütigt, erniedrigt, gequält und in ein rigides und moralstarres System gequetscht wurde? Haben Sie schon von den Ungerechtigkeiten gehört, die ich erdulden musste? Waren Sie dabei, als ich ausgelacht, bestraft, beschimpft wurde, nur weil ich mich so verhalten habe, wie es mir entspricht? Nur weil ich authentisch war! Ich habe keine andere Chance, mich zur Wehr zu setzen. Ich kann in dieser falschen und verlogenen Wertewelt nicht leben. Ich kämpfe für Gerechtigkeit. Dafür, dass ich so sein darf, wie ich bin. Ich kämpfe für eine Welt, in der wir alle das sein dürfen, was wir sind. Und ich werde nicht aufhören, alles, was auf diesem alten erdrückenden Regelwerk aufgebaut ist, zu zerstören, bis ich ein neues, toleranteres und freieres System geschaffen habe. Lassen Sie daher ab von mir.«

Schwer atmend beendete der Saboteur seine emotionale Rede und fixierte mit seinem Blick den Meisterdetektiv. Dieser schwieg zunächst eine Weile und als er zu sprechen begann, kamen die Worte nur leise und zögerlich aus seinem Mund. »Was Sie durchmachen mussten, tut mir sehr leid«, begann er, »aber ich wiederhole mich: Das, was Sie tun, ist Unrecht, selbst wenn Sie für mehr Gerechtigkeit kämpfen. Und daher bin ich gezwungen, Sie nun festzunehmen. Also leisten …«

Herlock Sholmes brach mitten in seiner Rede ab. Der Saboteur war verschwunden.

Warum gibt es den Saboteur überhaupt? Warum tragen wir in uns einen Anteil, der uns boykottiert und die Realisierung unserer tiefsten Wünsche und Träume verhindert? Es gibt einen Grund dafür, doch der ist nicht auf den ersten Blick erkennbar. Er liegt vielmehr in unserem Unterbewusstsein versteckt, und das schon seit vielen Jahren. Um den Motiven des Saboteurs auf die Spur zu kommen, ist es nötig, dass wir uns mit seiner Entstehung beschäftigen. Machen Sie sich daher bereit für eine Reise in die Kindheit. Doch bevor wir dorthin starten, sollten Sie wissen, welche Stolperfallen dort auf Sie warten könnten. Für die folgende Aufgabe planen Sie etwa eine Stunde Zeit ein.

Schatten der Vergangenheit

Nicht alles in Ihrer Kindheit war schön. Sicher gab es auch einschneidende Erlebnisse und traurige Momente, die Sie als Kind geprägt haben. Wenn Sie nun gemeinsam mit mir in die Vergangenheit abtauchen, kann es sein, dass Sie über diese Erlebnisse stolpern werden. Daher ist es gut, zunächst einmal einen groben Überblick zu gewinnen, welche schwierigen Situationen Sie als Kind bewältigen und mit welchen unangenehmen Gefühlen, wie z. B. Hilflosigkeit, Wut oder Trauer Sie umgehen mussten. Diese Kenntnisse brauchen Sie, um neu auftretende negative Gefühle richtig zuordnen zu können. Und es gibt noch einen anderen Grund, warum Sie sich diese problematischen Situationen bewusst machen sollten. Sie waren nämlich entscheidend für das Auftreten des Saboteurs.

Am besten bekommen Sie einen Überblick über prägende Erlebnisse, wenn Sie die Tabelle auf Seite 152 ausfüllen. Überlegen Sie für sich, welche schwierigen Momente Sie in Ihrer Kindheit bewältigen mussten. Dies können beispielsweise Verluste von Verwandten (Tod der Oma) oder von Freunden (Wegzug des besten Freundes), Überforderungen durch neue Lebenssituationen (Umzug, Schulwechsel) oder erlebte Enttäuschungen (Verrat durch beste Freundin, unerwartetes Verhalten der Mutter) sein. Auch Krankheiten von wichtigen Bezugspersonen oder eigene Erkrankungen, Unfälle, Gewalterfahrungen oder Mobbingerfahrungen in der Schule können Sie negativ geprägt haben. Wann haben Sie sich hilflos, ohnmächtig oder überfordert gefühlt? Überlegen Sie sich dabei auch, wie alt Sie damals waren und wie sehr Sie sich durch dieses Ereignis belastet gefühlt haben (Belastungsgrad 0 = überhaupt kein Problem, Belastungsgrad 10 = das Schlimmste, was Sie sich vorstellen können). Sammeln Sie diese Momente in der *Tabelle der schlimmen Ereignisse*.

Ereignisse prägen uns und führen zu wichtigen Lernerfahrungen. Sind sie negativ, lernen wir zum Beispiel, dass wir uns nur auf uns selbst verlassen dürfen oder anderen Menschen grundsätzlich nicht vertrauen sollten, da wir sonst enttäuscht werden könnten. Oder wir verinnerlichen, dass wir stets gute Leistungen bringen und Fehler vermeiden müssen. Positive Lernerfahrungen dagegen können sein, dass wir uns auf unsere Freunde verlassen können oder dass wir stärker waren, als wir vorher dachten. Tragen Sie diese Lernerfahrungen und das, was Ihnen in der Situation geholfen hat (z. B. eigene Fähigkeiten und Überzeugungen, soziale Kontakte, bestimmte materielle Dinge), ebenfalls in die Tabelle ein. So bekommen Sie einen Überblick über die prägenden Ereignisse in Ihrer Vergangenheit. Relevant für unsere Reise in Ihr Unterbewusstsein und für die Suche nach Ihrem Saboteur sind hier vor allem die negativen Erlebnisse, denn wie Sie bereits erfahren haben, beeinflussen schlechte Erfahrungen unser Verhalten am meisten.

Ereignis	Alter	Wie belastend	Was habe ich gelernt	Was hat mir geholfen
Katze überfahren worden	4 Jahre	8	Tod gehört zum Leben dazu	Trost von Mama

MERKE:
Sowohl negative wie auch positive Erfahrungen prägen uns. In der Arbeit mit dem Saboteur sind jedoch die negativen Erlebnisse bedeutender.

Selbstsabotage als Lösungsstrategie

Wenn Sie die Tabelle der schlimmen Ereignisse erstellt haben, dürfen Sie sich erst einmal stolz auf die Schulter klopfen. Nicht nur dafür, dass Sie eine so unangenehme Aufgabe hinter sich gebracht haben, sondern vor allem auch dafür, dass Sie so viele schwierige Situationen im wahrsten Sinn des Wortes überlebt haben. Je jünger Sie damals waren, desto verletzbarer und angreifbarer waren Sie in Ihrer Persönlichkeit und Ihrer Entwicklung. Wenn ich mit meinen Patienten biographische Erlebnisse bespreche, bin ich oft sehr beeindruckt, welche Strategien sie damals gefunden haben, um einigermaßen unbeschadet aus diesen Situationen herauszukommen und dennoch eine eigene Identität zu entwickeln oder zu behalten. Oft können wir gemeinsam bestimmte Lösungsstrategien identifizieren, die ihnen in besonderem Maß geholfen haben, die Situation so gut wie möglich zu bewältigen. Nach diesen *kindlichen Lösungsstrategien* richtet sich das Handeln des Saboteurs. Er hat sie erlernt, für nützlich befunden und möchte sie auf jeden Fall beibehalten. Was damals hilfreich und vielleicht auch überlebensnotwendig war, kann aber mittlerweile veraltet und sogar schädlich sein. Denn die Lebenssituation hat sich nun grundlegend verändert. Sie sind nicht mehr das Kind, das Sie einmal waren. Ihr Überleben ist nicht mehr abhängig von dem Wohlwollen der wichtigsten Bezugspersonen. Sie können eigene Entscheidungen treffen und für sich selbst sorgen. Dies wird oft vergessen.

Gehen Sie daher als nächsten Schritt die beiden letzten Spalten in der Tabelle der schlimmen Ereignisse durch und überlegen Sie, welche Lernerfahrungen immer noch Ihr Handeln bestimmen und auf welche Unterstützung Sie auch heute noch in schwierigen Situationen zurückgreifen. Prüfen Sie dabei, ob die vertrauten Bewältigungsstrategien überhaupt noch nötig sind oder ob Sie stattdessen andere Maßnahmen ergreifen könnten. Ist es z. B. tatsächlich noch notwendig, dass Sie sich bei Entscheidungen hilfesuchend an Ihre Eltern wenden, oder haben Sie nicht längst schon selbst genug Wissen und Erfahrung, um die Situation ausreichend zu überblicken und die Entscheidung alleine zu treffen? Ist es heute noch nötig, möglichst fehler- und makellos dazustehen, um gemeine Kommentare von Mitmenschen zu vermeiden, oder haben Sie nicht längst schon ein dickeres Fell als früher im Teenageralter entwickelt, um darüberzustehen? Warum ist die Anerkennung Ihres Vaters immer noch so wahnsinnig wichtig für Sie, wenn Sie doch nun selbst auf eigenen Beinen stehen und ganz andere wichtige Bezugspersonen haben, die Ihnen Anerkennung und Respekt zollen? Markieren Sie mit einem Rotstift diejenigen Lösungsstrategien, die Sie als veraltet und überholt erkennen. Nehmen Sie sich auch für diese Analyse mindestens eine Stunde Zeit.

MERKE:
Das Handeln des Saboteurs resultiert aus kindlichen Lösungsstrategien in belastenden Situationen. Diese Lösungsstrategien sind jedoch oft schon veraltet und schaden eher.

Selbstsabotage ist also aus einer emotionalen Krise und dem Versuch, diese mit unzureichenden Mitteln zu bewältigen, entstanden. Aber dies allein kann das Verhalten des Saboteurs noch nicht ausreichend erklären. Oftmals spielen nicht nur die Problemlöseversuche eine Rolle, sondern vor allem auch die inneren Werte. Jeder von uns hat seine Prinzipien und Normen, nach denen er handelt. Wenn diese von anderen nicht berücksichtigt werden, reagieren wir nicht mehr rational. Ebenso macht es uns ärgerlich, wenn andere uns ihre Verhaltensregeln aufzwingen wollen.

Die inneren Werte sind ein starkes Motiv für unser Verhalten, auch für das Verhalten des Saboteurs. Oft denken wir gar nicht bewusst an sie, da sie schon früh verinnerlicht wurden und wir unsere Entscheidungen eher instinktiv nach ihnen ausrichten. Die Suche nach unseren inneren Überzeugungen und Wertvorstellungen führt uns zurück in die Welt der Kindheit.

Die Suche nach den inneren Werten

Welche Pläne Ihr Saboteur gerade aussheckt, kann ich Ihnen nicht sagen. Aber ich bin mir ziemlich sicher, dass Ihre Werte, seien es eigene, seien es von außen vorgegebene, dabei eine Rolle spielen. Können Sie spontan aufzählen, welche Normen Sie unterstützen und gegen welche Regeln Sie sich auflehnen? Im nächsten Schritt gehen wir also auf die Suche nach den inneren Regeln und Normen und erforschen Ihre kindliche Wertewelt. Diese Reise in die Vergangenheit macht mir bei meiner Arbeit immer ganz besonders viel Spaß und ich hoffe, dass auch Sie daran Ihre Freude haben werden. Vor allem aber: Planen Sie ausreichend Zeit ein für die folgenden Übungen. Nehmen Sie sich am besten ein Wochenende frei oder planen gar eine ganze Urlaubswoche, reduzieren Sie in dieser Zeit Ihre alltäglichen Verpflichtungen und werden Sie wieder zum Kind. Falls Ihnen die Möglichkeit dazu fehlt, so versuchen Sie zumindest eine feste Zeit am Tag für die Übungen zu reservieren. Je mehr Zeit Sie zur Verfügung haben, umso besser.

Während der Übungen kann es vorkommen, dass negative Gefühle auftauchen, die in irgendeinem Zusammenhang mit den schlimmen Ereignissen stehen, die Sie auf Ihrer Liste notiert haben. Gerade die negativen Emotionen sind sehr wichtig, schließlich haben sie dazu geführt, dass sich der Saboteur entwickelt hat. Schreiben Sie negative Emotionen und Erinnerungen in Stichpunkten auf, wir kommen am Ende des Kapitels noch einmal darauf zurück. Für die Durchführung der Übungen ist es aber besser, wenn Sie in einer entspannten und offenen Grundstimmung bleiben, konzentrieren Sie sich daher aktuell mehr auf die positiven Eigenschaften und Erlebnisse.

MERKE:

Der Saboteur ist ein Produkt unserer Kindheit. Um ihn zu finden, müssen wir wieder lernen, wie Kinder zu denken und zu handeln. Während dieser Übung sollten Sie sich möglichst wenig von Alltagspflichten ablenken lassen.

Schritt 1: Wieder zum Kind werden

Als erste Aufwärmübung gibt es hier einige Vorschläge, die Ihnen dabei helfen, sich wieder kindliches Denken und Handeln anzueignen. Manches mag Ihnen zu Beginn albern vorkommen, aber probieren Sie es einfach einmal aus. Tun Sie das, was Ihnen Freude macht, und tun Sie es ohne Bewertung. Es muss nicht gut gelingen, es soll nur Spaß machen und Ihre Erinnerungen an die Kindheit wieder wachrufen.

Kinder sind kreativ

▶ Bauen Sie eine Sandburg oder einen Staudamm.
▶ Besorgen Sie sich Ton und töpfern Sie. Oder malen Sie ein Bild mit Wasserfarben.
▶ Erfinden Sie Geschichten oder denken Sie sich ein neues Spiel aus.
▶ Backen Sie einen Kuchen oder Kekse.

- Sammeln Sie auf einem Spaziergang Steine, Stöcke, Eicheln oder Ähnliches und basteln Sie damit etwas.
- Lassen Sie Ihrer Phantasie freien Lauf und überlegen Sie, was der Mann, der Ihnen im Bus gegenübersitzt, für einen Beruf hat und was er heute vielleicht schon erlebt hat.
- Versuchen Sie, aus einem Blatt Papier ohne weitere Hilfsmittel etwas zu falten.

Kinder lachen gerne
- Welche Zeichentrickserie hat Sie als Kind zum Lachen gebracht? Schauen Sie sich Folgen davon im Internet an.
- Gehen Sie auf die Suche nach Ihrem Lieblingswitz. Im Netz gibt es eine reiche Auswahl.
- Fragen Sie Menschen, was sie in der letzten Zeit zum Lachen gebracht hat.
- Fragen Sie sich selbst, wann Sie zuletzt Tränen gelacht haben.
- Suchen Sie im Alltag gezielt nach komischen Situationen und lachen Sie darüber.
- Lesen Sie ein lustiges Buch oder sehen Sie sich einen lustigen Film an.

Kinder sind Meister im Trödeln
- Bleiben Sie einfach mal unterwegs stehen und schauen sich aufmerksam um.
- Schauen Sie eine Weile in den Himmel und sehen Sie den Wolken beim Vorbeiziehen zu, möglicherweise können Sie wie früher bestimmte Bilder in ihnen sehen.
- Stellen Sie sich absichtlich an der Kasse bei der längsten Schlange an.

- Machen Sie mal alles gaaaaaanz laaaangsam.
- Schlendern Sie, statt zielstrebig von einem Ort zum anderen zu gehen.

Kinder sind entdeckungsfreudig
- Legen Sie sich in eine Wiese und beobachten Sie Käfer, Ameisen oder Vögel ganz genau. Haben Sie schon einmal gesehen, wie ein Schmetterling aus einer Blüte trinkt?
- Gehen Sie in Ihrer näheren Umgebung auf Entdeckungsreise. Nehmen Sie bei Abzweigungen immer den Weg, den Sie entweder noch nie oder schon lange nicht mehr genommen haben.
- Verlassen Sie die Wege und gehen Sie querfeldein.
- Wenn sich eine Fliege auf Ihre Hand setzt, scheuchen Sie sie nicht gleich fort, sondern beobachten Sie, was sie tut.
- Setzen Sie sich auf eine Bank oder in ein Café und beobachten Sie Leute.
- Gehen Sie mal mit einer Kamera auf Fotopirsch. Durch die Linse nehmen Sie viele Dinge ganz anders wahr.
- Schmecken, hören, fühlen und riechen Sie genau hin. Wie unterscheidet sich der Geschmack eines Apfels von dem einer Birne? Welche Geräusche hören Sie im Hintergrund?

Kinder halten sich nicht an Normen
- Ziehen Sie einmal zwei unterschiedliche Socken an.
- Setzen Sie sich zum Essen auf den Boden oder verkehrt herum auf einen Stuhl.
- Schlafen Sie im Bett mit dem Kopf am Fußende.
- Essen Sie Ihre Suppe mit einem Kaffeelöffel oder löffeln Sie Ihr Essen direkt aus dem Topf.

- Balancieren Sie auf Mauern.
- Wirbeln Sie im Wald Laub auf.

Wenn Sie sich erst einmal mit dem Gedanken dahinter beschäftigt haben, werden Ihnen sicher noch viel mehr Ideen einfallen. Ihrer Phantasie sind hier keine Grenzen gesetzt. Es kommt nur darauf an, sich in die richtige Stimmung zu bringen.

Schritt 2: Die Werte und Ideale Ihrer Kindheit

Kinder denken und fühlen oft in Extremen. Jetzt oder nie. Alles oder nichts. Sie haben dabei oft hohe Werte und Ideale. Was waren Ihre Werte als Kind? Diese dürfen Sie nun herausarbeiten. Folgende Fragen und Übungen sollen Ihnen dabei helfen:

Werte-Überlegungen:
- Wer waren die Helden meiner Kindheit (aus Büchern, Comics oder Filmen)?
- Warum habe ich diese Menschen oder Wesen bewundert? Was hat mich an ihnen beeindruckt?
- Worum habe ich andere beneidet?
- Wovon handelten meine Tagträume?
- Womit habe ich ganze Stunden zugebracht?
- Was wollte ich als Kind mal beruflich machen und warum?
- Wie wollte ich nie werden und warum nicht?
- Welche Musik habe ich am liebsten gehört? Warum gerade diese Musik?

Werte-Übungen:
- Lesen Sie Bücher, die Sie als Kind begeistert haben, wieder und überlegen Sie, mit welcher der Personen Sie sich seinerzeit am meisten identifiziert haben und vielleicht sogar noch heute identifizieren.
- Hören Sie Lieblingslieder aus Ihrer Kindheit. Vielleicht kennen Sie noch ganze Texte auswendig. Welche Bilder sind in Ihrem Kopf entstanden, wenn Sie die Lieder gehört haben? Gerade Musik wirkt wie eine Konservendose für Gefühle. Sie kann Ihnen helfen, Erinnerungen aus Ihrer Kindheit wiederzuerwecken.
- Schreiben Sie anschließend Ihre wiederentdeckten Kinderwerte in unten stehende Liste.

Meine Werte als Kind

_____

_____

_____

Schritt 3: Die sinnlosen Regeln von außen

Schreiben Sie als Nächstes die Sprüche auf, die Sie während Ihrer Kindheit immer wieder gehört haben und die prägend für Sie waren. Klassische Sätze sind »Mit vollem Mund spricht man nicht!« oder »Eigenlob stinkt!« Vielleicht auch »Nimm Rücksicht, du bist nicht allein auf dieser Welt!«.

Hier ist der Platz für all diese Regeln. Markieren Sie dabei diejenigen Sätze, die Sie als Kind besonders unsinnig fanden. Falls Ihnen nicht viel einfällt, gehen Sie im Internet einmal auf die Suche nach deutschen Sprichwörtern. Sehen Sie alte Poesiealben durch und unterhalten Sie sich mit anderen über deren »Erziehungssprüche«. Viele davon werden auch Ihnen bekannt vorkommen.

Die Regeln und Erziehungssätze meiner Kindheit

Falls Ihnen während der Aufwärmübungen negative Gedanken in den Sinn gekommen sind und Sie diese wie empfohlen aufgeschrieben haben, nehmen Sie sich Ihre Notizen dazu nun zur Hand. Überlegen Sie, ob diese negativen Erinnerungen in Zusammenhang mit bestimmten Regeln standen. Falls ja, ergänzen Sie Ihre Liste der Regeln und Erziehungssätze.

Sie haben eine ganze Menge neuer Informationen gesammelt und wissen nun mehr darüber, gegen welche Normen Ihr Saboteur rebellieren könnte und nach welchen Werten er leben möchte. Diese Hinweise können helfen, das Motiv des Saboteurs herauszufinden. Nehmen Sie nun wieder die einzelnen Kärtchen Ihrer Verbrechenskartei zur Hand und überprüfen Sie, welche der von Ihnen aufgeschriebenen Werte gefährdet gewesen wären, wenn Sie ein bestimmtes Projekt (womöglich mit Erfolg) durchgezogen hätten. Gab es Interessenkonflikte zweier wichtiger Werte, die durch das Scheitern aufgelöst werden konnten? Überprüfen Sie für sich, aus welchen Motiven heraus Sie Ihr Projekt ausgesucht und geplant hatten. Waren es Ihre eigenen Werte, die dafür ausschlaggebend waren, oder hatten andere Menschen Sie in dem Wunsch bestärkt? Gehen Sie anschließend die Liste der Regeln und Erziehungssätze durch. Welche Erziehungssätze, gegen die der Saboteur rebellieren könnte, wären in diesem Projekt bestätigt worden? Welche Regeln wollten Sie durch dieses Projekt einhalten oder verstärken?

FRAGEN ZUR SELBSTREFLEXION
- Was sind meine wichtigsten Werte?
- Welche Werte finden sich häufig in Zusammenhang mit gescheiterten Projekten?
- Welche Werte sind ausschlaggebend für meine Motivation und Identität?
- Was sind meine häufigsten Wertekonflikte (zwei nebeneinander bestehende, sich gegenseitig ausschließende Werte)?
- Gegen welche Erziehungssätze lehne ich mich besonders auf?
- An welche Normen halte ich mich auch heute noch, obwohl ich es längst nicht mehr müsste?
- Welches waren meine früheren Lösungsstrategien? Nutzen sie mir heute noch oder schaden sie mir mehr?

ÜBUNGEN

1. Beobachten Sie sich die nächste Zeit vermehrt in Ihrem Tun. Was genau tun Sie aus welcher Motivation heraus? Überprüfen Sie dabei, welche Werte sich in Ihrem Handeln widerspiegeln.
2. Beobachten Sie das Handeln anderer. Welche Werte sind dabei sichtbar?
3. Denken Sie an die Personen, über die Sie sich regelmäßig ärgern. Welche Werte vermissen Sie bei ihnen? Welche Regeln und moralischen Auffassungen vertreten sie?

AUF DEN PUNKT GEBRACHT

Ihre Persönlichkeit besteht aus vielen verschiedenen Anteilen, die alle darauf ausgerichtet sind, Sie zu schützen und Ihnen zu helfen. Wenn einer Ihrer Anteile (in diesem Fall der innere Saboteur) Ihre Träume zum Scheitern bringen will, geschieht dies aus der Annahme heraus, dass dies zu Ihrem Besten ist. Die Handlungsmotive können veraltete Lösungsstrategien sein, die früher hilfreich waren, aber mittlerweile eher schaden. Oder es geht dem Saboteur darum, bestimmte wichtige Werte aufrechtzuerhalten und verinnerlichte, von außen vorgegebene Normen einzureißen, um Ihnen mehr Handlungsfreiheit zu verschaffen. Die Motive des Saboteurs erfahren Sie am besten, wenn Sie sich mit Ihrer Vergangenheit beschäftigen und sich wieder alte Werte in Erinnerung rufen.

TEIL IV

FREUND ODER FEIND?

KAPITEL 10:
BEGEGNUNG MIT DEM SABOTEUR

★ ★ ★

Ein erneuter Sabotageakt hatte die kognitive Regierung erschüttert. Gut geplant und perfekt durchgeführt, war er nur durch das detektivische Geschick von Herlock Sholmes als Sabotage enttarnt worden. Der Meisterdetektiv lehnte abwartend in einer Ecke des Raums und beobachtete den Obermufti, der mit zerknitterter Kleidung und gerötetem Gesicht in seinem Büro auf und ab ging. Er wirkte so mitgenommen, dass man kaum hätte glauben mögen, dass dies der Gedankenminister und Vorsitzende der kognitiven Regierung war. »Wir müssen ihn irgendwie zu fassen bekommen«, stöhnte der Obermufti mit zum Himmel gereckten Händen. »Das kann doch so nicht weitergehen. Sholmes, Sie müssen etwas tun!«

Der Angesprochene löste sich langsam von der Wand, an die er sich gelehnt hatte, und ging auf den Regierungschef zu. »Sir, mit Verlaub: Wir haben kaum eine Chance. Der Saboteur ist ein Meister der Camouflage. Er kennt die Unterwelt wie seine Westentasche. Er verschwindet in Löcher, von denen wir nicht einmal wussten, dass sie existieren, und er ist ein geschickter Stratege. Ich sage es nur ungern, aber mit den üblichen Methoden werden wir ihn nicht zu fassen bekommen.«

»Aber was sollen wir denn dann tun?« Der Obermufti raufte seinen spärlichen Haarkranz. »Wir können doch nicht weiter zusehen, wie er nach und nach alles zerstört, was wir so mühsam aufgebaut haben?«

»Es bleibt nur eines«, antwortete Sholmes. »Verhandeln.«

»Wie? Verhandeln? Mit so einem Verbrecher verhandle ich nicht!«

»Ich fürchte, es bleibt uns keine andere Wahl. Wenn wir ihm eine Verhandlung anbieten, wird er kommen. Anders werden wir seiner nicht habhaft. Und dann müssen wir schauen, dass wir ihn umzingeln und nicht mehr entkommen lassen. Oder noch besser: Wir schaffen es, ihn bei der Verhandlung zu überzeugen. Allerdings bin ich mir nicht sicher, ob uns dies gelingen wird.«

Stumm und jeder in seine eigenen Gedanken versunken verließen die beiden das Büro.

Wie fängt man einen Saboteur? Nur zu gut erinnere ich mich an die Zeit, als ich begann, innere Widerstände zu erforschen. Wie begeistert ich war, als ich das erste Mal eine klare Selbstsabotage herausarbeiten und meinem Patienten erklären konnte, wie sein Saboteur tatsächlich vorgeht. Ich erinnere mich deutlich, wie ein Leuchten über sein Gesicht glitt, als er den Teufelskreis betrachtete. Motiviert und wissbegierig sah er mich an: »Und was machen wir jetzt damit?«

Eine wirklich exzellente Frage – auf die ich keine Antwort wusste. Ich war so damit beschäftigt gewesen, den Saboteur ausfindig zu machen, dass ich gar nicht daran gedacht hatte, wie es nun weitergehen sollte. Die ernüchternde Erkenntnis war zunächst: Das Wissen, dass es ihn gibt und dass wir selbst uns sabotieren, reichte nicht aus, um die Weichen anders zu stellen. Auch wenn meine Patienten nun wussten, dass sie selbst es waren, die sich durch körperliche Symptome, durch Fehlinterpretation von Wahrgenommenem oder durch eine unstimmige Gewichtung schadeten, so traten die Symptome, die Wahrnehmungsverzerrung oder die falsche Priorisierung dennoch weiter auf. Uns ging es wie den beiden Protagonisten in der oben stehenden Geschichte: Dass wir den Saboteur erkannt hatten, hieß noch lange nicht, dass wir ihn besiegt hatten. Ich konnte meinen Patienten zwar verhaltenstherapeutische Strategien beibringen, mit denen sie lernten, Grundannahmen zu hinterfragen, neues Verhalten auszuprobieren und bestimmte Verhaltens- und Denkmuster zu verändern, aber der Saboteur zeigte sich danach in anderer Weise wieder.

Es musste also ein anderes Vorgehen gefunden werden. In der Gestalttherapie, im Psychodrama und in Imaginationsübungen, die vor allem bei der Bearbeitung von Traumatisierungen angewandt werden, fand ich, was ich suchte: Um mit unseren inneren Widerständen besser umgehen zu können, müssen wir zunächst ein inneres Bild davon haben. Wenn Sie sich innere Vorgänge als Personen, Gegenstände oder Tiere vorstellen, können Sie mit diesen in Kontakt gehen, z. B. sich mit ihnen unterhalten oder sie benutzen. Wenn wir unbewussten Prozessen eine Gestalt geben, werden sie begreifbarer. Wir können dadurch innere Konflikte, heimliche Wünsche oder ungeliebte Wesenszüge besser verstehen und erfassen. Das logische Denken wird umgangen und das emotionale Erleben direkt angesprochen. Sie machen Ihre Vorstellungskraft zu Ihrem Verbündeten und können dann den Prozessen auf den Grund gehen, die Sie bisher nur als abstraktes Wort oder als bloße Theorie kannten und somit nicht fassen konnten.

MERKE:
Innere Widerstände müssen verstanden und entkräftet werden, um sie zu beseitigen. Indem wir ihnen eine Gestalt geben, können wir mit ihnen interagieren und sie besser kennenlernen.

Dreh- und Angelpunkt bei der Behandlung innerer Widerstände ist es, mehr über sie zu erfahren und Kompromisse zu schließen. Wir müssen mit dem inneren Saboteur verhandeln. Laden Sie ihn also zu einem ersten Gespräch ein.

Wie Sie mit dem Saboteur Kontakt aufnehmen

Für die folgende Übung benötigen Sie einen ruhigen Raum mit zwei Stühlen und ein störungsfreies Zeitfenster von etwa einer halben Stunde. Da Imaginationen am besten mit geschlossenen Augen funktionieren, können Sie sich die unten stehende Imaginationsübung auch auf der Website www.coaching-azur.de anhören oder herunterladen.

IMAGINATIONSÜBUNG
1. Stellen Sie zwei Stühle einander gegenüber und nehmen Sie auf einem Stuhl Platz.
2. Machen Sie es sich bequem und atmen Sie tief durch. Stellen Sie beide Füße nebeneinander auf den Boden und spüren Sie den Bodenkontakt. Lehnen Sie sich an die Rückenlehne und nehmen Sie wahr, an welchen Stellen Ihr Körper den Stuhl berührt. Sie können

Ihre Augen schließen oder auf den Stuhl vor Ihnen richten. Atmen Sie nun ruhig und gleichmäßig ein und aus ... ein und aus ... Lassen Sie alle Ihre Gedanken an sich vorbeiziehen, ohne einen bestimmten Gedanken festzuhalten. Lassen Sie sie einfach auftauchen und wieder verschwinden. Und reisen Sie nun tief und tiefer in Ihr Unterbewusstsein.

3. Wenn Sie ganz entspannt sind, lassen Sie in sich das Bild Ihres inneren Saboteurs entstehen, der nun auf dem leeren Stuhl Ihnen gegenüber Platz nimmt. Zunächst ist er vielleicht nur unscharf zu erkennen, als Umriss oder schemenhafte Gestalt. Nehmen Sie sich Zeit und denken Sie an Ihren Saboteur, bis Sie ihn immer klarer vor sich sehen können. Wie alt ist er? Ist Ihr Saboteur eher ein Kind, ein Jugendlicher oder ein Erwachsener? Ist er männlich oder weiblich? Ist er vielleicht gar nicht menschlich, sondern zum Beispiel eine Phantasiegestalt oder ein Tier?

4. Welche Kleidung trägt der Saboteur? Besteht sie aus feinem Stoff oder aus Lumpen? Trägt er vielleicht eine Art Uniform oder eine Ritterrüstung? Eine Verkleidung oder eine Kostümierung? Hat er eine Kopfbedeckung auf? Wie ist seine Frisur? Wirkt er in seinem Äußeren, als käme er aus einer früheren Epoche bzw. aus der Zukunft?

5. Nachdem Sie nun sein Äußeres im Gesamten betrachtet haben, schauen Sie sich das Gesicht des Saboteurs genau an. Was sehen Sie in seinen Augen? Schaut er Sie direkt an oder fixiert sein Blick einen anderen Punkt in Ihrer Nähe? Welche Emotionen spiegeln sich in seinen Augen und seinem Gesichtsausdruck wider? Ärger? Trotz? Schadenfreude? Angst? Nachdenklichkeit? Oder etwas ganz anderes? Wie wirkt Ihr Saboteur in seiner Mimik und Gestik? Sitzt er mit unbewegten Gesichtszügen einfach da? Runzelt er die Stirn? Lächelt er Sie an? Wie reagiert er, wenn Sie ihm so unverwandt ins

Gesicht sehen? Achten Sie auch auf seine Körperhaltung. Wie sitzt er auf seinem Stuhl? Unruhig zappelnd? Angespannt? Lässig? Wo befinden sich seine Arme? Hat er die Beine übereinandergeschlagen oder stehen beide Füße auf dem Boden? Was drückt Ihr Saboteur mit seiner Körperhaltung aus? Und was empfinden Sie selbst, da Ihnen Ihr zerstörerischer Anteil direkt gegenübersitzt?

6. Begrüßen Sie nun Ihr Gegenüber durch ein Lächeln, ein Grußwort oder auch nur durch ein Kopfnicken, ganz wie Sie wollen. Und nehmen Sie wahr, wie Ihr Saboteur diesen Gruß erwidert. Bedanken Sie sich bei ihm für sein Kommen und dass Sie ihn kennenlernen dürfen.

7. Bevor Sie diese Imaginationsübung beenden, schauen Sie noch einmal Ihren Saboteur genau an. Nehmen Sie alle erkennbaren Details in sich auf. Lassen Sie sich dabei so viel Zeit, wie Sie dafür benötigen. Dann atmen Sie mehrmals tief ein und aus. Bewegen Sie Ihre Hände und Ihre Beine und kommen Sie langsam zurück in die Gegenwart. Öffnen Sie die Augen und sehen Sie sich um. Schauen Sie auf den leeren Stuhl vor Ihnen und auf die vertrauten Gegenstände im Raum. Sie sind wieder zurück in der Wirklichkeit.

Der Saboteur zeigt sich nicht

Sind Sie gut wieder gelandet? Konnten Sie ein Bild Ihres Saboteurs erschaffen oder sind Sie vielleicht enttäuscht und frustriert, weil die Imaginationsübung bei Ihnen nicht geklappt hat? Nicht bei allen klappt es gleich beim ersten Mal, ein inneres Bild entstehen zu lassen. Auch ich hatte anfangs meine Probleme damit. Daher gehe ich zunächst auf die häufigsten Stolpersteine ein, die bei Imaginationsübungen im Weg liegen können:

Ich sehe nur schwarz!

Dies ist ein sehr verbreitetes Problem und geht auch mir manchmal noch so. Der Grund dafür kann sein, dass wir zu sehr ein klares und konkretes Bild sehen möchten, uns daraufhin unter Druck setzen, uns immer mehr anstrengen und dadurch eine entspannte Imagination verhindern. Versuchen Sie stattdessen Folgendes: Lassen Sie die Augen offen und richten Sie sie auf ein neutrales unbewegliches Objekt, am besten auf den Stuhl vor Ihnen. Mit offenen Augen wird uns oft bewusster, dass es ja gar nicht um ein echtes Sehen, sondern eher um ein Heraufbeschwören der Vorstellungskraft geht. Eine Alternative, die bei mir sehr gut funktioniert: Gehen Sie spazieren und stellen Sie sich Ihren Saboteur als Begleitung an Ihrer Seite vor. Oder setzen Sie sich an einen Fluss und richten Sie Ihren Blick auf fließendes Wasser.

Ich kann zwar ein Bild heraufbeschwören, aber es zerfließt immer wieder.

Wenn Sie das Bild zwar hervorrufen, aber nicht weiterentwickeln können, so ist das kein Problem. Manches kommt erst mit der Zeit. Bleiben Sie einfach bei dem, was Sie sehen, selbst wenn es nur verschwommen und schemenhaft ist, konzentrieren Sie sich auf die Atmung und lassen das auf sich wirken, was da ist. Wiederholen Sie die Imaginationsübung zu einem späteren Zeitpunkt. Oft erhalten Sie mit zunehmender Wiederholung ein immer klareres Bild.

Ich lasse mich immer wieder von Gedanken oder Geräuschen ablenken.

Auch das ist nicht schlimm. Umgebungsgeräusche dürfen da sein. Versuchen Sie nicht, diese wegzudrücken, sondern bauen Sie sie einfach in die Imagination ein. Schließlich befinden Sie sich ja noch in Ihrer aktuellen Umgebung. Wenn Sie sich bei Gedankenabschweifungen ertappen, so lassen Sie diese Gedanken einfach an sich vorbeiziehen und richten anschließend Ihre Konzentration wieder auf den inneren Saboteur. Wenn Sie die Gedanken und Geräusche akzeptieren, dann nehmen sie nicht mehr so viel Raum in Ihrem Kopf ein.

Jeder Saboteur ist anders. Nicht nur von seiner Motivation und seinem Verhalten. Auch sein Äußeres ist einzigartig. Daher gibt die Imaginationsübung keine Vorgaben, wie Ihr Saboteur aussieht und wie er reagiert. Das Bild, das Sie in sich hervorgerufen haben, ist Ihre ganz eigene Vorstellung von Ihrem Saboteur. Wir nennen dies eine *innere Repräsentanz*, eine Art einverleibte, Gestalt gewordene Erinnerung. Diese basiert auf Ihren Lebenserfahrungen, Ihren bisherigen Begegnungen und Ihrer Phantasie und ist somit ganz individuell. Vielleicht waren Sie überrascht, dass Ihr Saboteur so ganz anders ist, als Sie ihn sich vorgestellt haben. Vielleicht aber entspricht er auch genau dem Bild, das Sie schon beim Lesen dieses Buches von ihm hatten. Auf jeden Fall haben Sie jetzt ein Bild vor sich, mit dem wir nun gleich mithilfe der *Leere-Stuhl-Technik* weiterarbeiten können. Steigen wir also in eine erste Vorverhandlung ein.

MERKE:

Durch die Imaginationsübung erschaffen Sie ein Abbild Ihres Saboteurs. Sein Aussehen und sein Verhalten geben Ihnen schon erste wichtige Informationen.

Ein Interview mit Ihrem Saboteur

Nachdem Sie Kontakt mit Ihrem Saboteur aufnehmen konnten, sollten Sie nun als Nächstes seine Einsichten und vor allem seine Absichten näher kennenlernen. Diese sind für spätere Verhandlungsgespräche wichtig. Planen Sie dafür etwa eine Stunde ein.

Stellen Sie zwei Stühle einander gegenüber und einen Tisch mit Schreibmaterial dazwischen. Setzen Sie sich nun auf den ersten Stuhl und nehmen Sie das Schreibzeug zur Hand. Stellen Sie sich vor, dass auf dem gegenüberliegenden Stuhl Ihr Saboteur sitzt. Sobald Sie ihn gedanklich vor sich haben, fangen Sie an, ihm Fragen zu stellen. Schreiben Sie die Fragen auf ein Blatt Papier. Dann wechseln Sie den Stuhl.

Nun sitzen Sie auf dem Stuhl des Saboteurs und nehmen dessen Rolle ein. Sie sind der Saboteur. Wie fühlt sich dies an? Welche Einstellungen und Gedanken kommen Ihnen dabei? Welche Sichtweisen vertreten Sie nun? Wenn Sie sich gut in den Saboteur hineingedacht haben, nehmen Sie das Papier, das auf dem Tisch liegt, lesen eine Frage und schreiben spontan die erste Antwort auf, die Ihnen einfällt.

Setzen Sie sich danach wieder auf den Stuhl des Interviewers, nehmen das Papier zur Hand und lesen die Antwort des Saboteurs. Was möchten Sie nun darauf erwidern? Welche Fragen haben Sie als Nächstes? Schreiben Sie sie auf.

Wechseln Sie nun immer wieder zwischen den Positionen und Rollen von Interviewer und Saboteur hin und her und führen so ein Gespräch mit ihm. Was Sie von ihm wissen wollen, bleibt dabei ganz Ihnen und Ihrer Neugierde überlassen. Folgende Fragen sollten Sie aber auf jeden Fall stellen:

- Was hältst du von meinen aktuellen Projekten?
- Wie bewertest du meine Lebenssituation?
- Was denkst du über mich?
- Warum sabotierst du immer wieder bestimmte Projekte?
- Wovor willst du mich bewahren? Was willst du eigentlich von mir?
- In welchen Bereichen wirst du mich auch weiterhin sabotieren und warum?
- Gegen welche Erziehungssätze rebellierst du besonders?
- Wobei würdest du mich unterstützen?

Nicht immer wird eine angemessene Gesprächsatmosphäre gegeben sein. Vielleicht verweigert Ihr Saboteur ein Gespräch und antwortet nicht oder nur mit kurzen, provozierenden Sätzen. Vielleicht sind Sie selbst viel zu wütend auf ihn, um ein ruhiges Gespräch zu führen. Wenn Sie lieber auf ihn einschlagen würden, dann schreiben Sie Ihre ganzen Emotionen, den Ärger und alles, was Sie ihm gerne sagen oder mit ihm tun würden, auf, dann wechseln Sie auf die Seite des Saboteurs und spüren in sich hinein, wie Sie nun als Saboteur darauf reagieren möchten.

So gehen Sie auch vor, wenn Ihr Saboteur das Gespräch mit Ihnen verweigert. Den Frust und die Emotionen, die Sie dann empfinden, schreiben Sie auf und wechseln anschließend in die Rolle des Saboteurs. Als Saboteur spüren Sie in sich hinein, was als Nächstes an Gedanken und Impulsen aufkommt.

Manchmal kann es vorkommen, dass die schriftliche Kommunikation den Prozess verlangsamt und Sie durch das Niederschreiben immer wieder aus der aktuellen Rolle herausfallen. In diesem Fall können Sie mündlich miteinander kommunizieren, das Gespräch aufzeichnen und später Wort für Wort auf ein Blatt Papier übertragen.

MERKE:

Halten Sie das erste Interview mit Ihrem Saboteur immer schriftlich fest, so dass Sie es später nachlesen können. Manche Aha-Erkenntnisse kommen erst mit einem kleinen zeitlichen Abstand.

Durch das erste Interview mit Ihrem Saboteur haben Sie wichtige Erkenntnisse über seine Einstellungen und über seine Vorhaben bekommen. Sie ahnen nun vielleicht eher, in welchen Situationen und aus welchen Motiven heraus er zukünftig aktiv werden wird. Beobachten Sie in den nächsten Tagen sich und Ihr Verhalten genauer. Versuchen Sie, die Stimme und vor allem die Argumentation Ihres Saboteurs in Ihren automatischen Gedanken zu erkennen. Schauen Sie in schwierigen Situationen genau hin, ob Sie einen kleinen Hinweis auf das Vorhandensein des Saboteurs erkennen können, vor allem dann, wenn gerade etwas nicht so läuft, wie Sie sich das vorgestellt hatten. Immer dann, wenn Sie glauben, ein Anzeichen Ihres Saboteurs erkannt zu haben, nehmen Sie in einem ruhigen Moment Kontakt mit ihm auf und versuchen zu erfahren, ob er Sie schon wieder sabotiert hat, und wenn ja, aus welchen Gründen. Mit jeder Kontaktaufnahme wird Ihr innerer Widerstand für Sie greifbarer und nachvollziehbarer.

FRAGEN ZUR SELBSTREFLEXION
- Wie sieht mein Saboteur aus? Welche (Ver-)Kleidung, Frisur, Accessoires hat er? Erinnert er mich in seinem Aussehen an eine Phantasiefigur oder an eine reale Person?
- Welche Verhaltensweisen und Körpersprache des Saboteurs deuten auf eine Kollaboration hin? Welche dagegen zeigen Ablehnung und Aggression?
- Wie ging es mir mit der Imaginationsübung? Welche Körperreaktion, welche Gedanken und welche Gefühle hatte ich, als ich meinen Saboteur zum ersten Mal vor mir gesehen habe?
- Wie reagiere ich auf die Antworten des Saboteurs? Könnte ich mir eine Zusammenarbeit mit ihm vorstellen oder würde ich mich lieber rächen und ihn vernichten?

ÜBUNGEN

1. Schreiben Sie auf, wie Ihr Saboteur aussieht. Zeichnen Sie ein Bild von ihm. Falls er Sie an einen Darsteller eines Films erinnert, sehen Sie sich den entsprechenden Film noch einmal an.
2. Führen Sie in der nächsten Woche mehrere Interviews mit Ihrem Saboteur und versuchen Sie, mehr über seine Werte und Motive herauszufinden.
3. Üben Sie sich darin, das Auftreten von inneren Widerständen immer schneller und sicherer zu erkennen.

AUF DEN PUNKT GEBRACHT

In der Arbeit mit inneren Widerständen reicht es nicht aus, diese erkannt zu haben. Verhaltensändernde Maßnahmen können zwar ein selbstboykottierendes Verhalten stoppen, die Selbstsabotage wird aber dann an anderer Stelle wieder auftreten. Daher muss ein tieferes Verständnis der eigenen Widerstände erreicht werden, um sie aufzulösen. Indem Sie Ihrem Widerstand eine Figur und einen Namen geben, können Sie mit ihm interagieren und später verhandeln. Der innere Widerstand wird dadurch erfahrbarer und greifbarer. Wie Ihr Saboteur aussieht und wie er im Kontakt mit Ihnen reagiert, gibt Ihnen wichtige Hinweise für den weiteren Umgang mit ihm.

KAPITEL 11:
HERRSCHER ÜBER DIE UNTERWELT

★ ★ ★

Die Welt hielt den Atem an, alle warteten gespannt. Heute sollte endlich die Verhandlung zwischen der kognitiven Regierung, vertreten durch den Obermufti, und dem Saboteur stattfinden. Die Vorbereitungen waren mühsam gewesen und mehrfach drohte eine Zusammenkunft zu platzen. Aber nun war es so weit. Das Gespräch zwischen Regime-Vertreter und Regime-Zerstörer sollte beginnen. Herlock Sholmes hatte es sich in einer dunklen Ecke bequem gemacht und beobachtete den hell erleuchteten Tisch, der in der Mitte des großen Raumes stand. Er würde heute nur die Beobachterrolle einnehmen. Das Wort überließ er lieber dem Obermufti, der bereits am Tisch Platz genommen hatte und seine Augen auf den leeren Stuhl ihm gegenüber richtete. Eine Flasche Wasser, zwei Gläser und ein Blumenstrauß schmückten den Tisch. Hinter ihm saß ein Protokollant mit gezückter Feder, bereit, jedes gesprochene Wort aufzuschreiben und für immer festzuhalten.

Nach einigen Minuten öffnete sich die Tür, und der Saboteur trat ein. Er nickte dem Obermufti kurz zu, der den Neuankömmling mit offenem Mund und sichtlichem Erstaunen betrachtete und dabei fast vergaß, ihn zu begrüßen. Das also war der Saboteur? Er hätte sich diesen Staatsfeind viel gefährlicher, monströser vorgestellt und auch nicht so jung. Verwirrt schüttelte der Obermufti den Kopf, dann eröffnete er die Verhandlung. »Ich freue mich sehr, dass Sie gekommen sind«, begann er. »Wir sind zu einem Gespräch bereit, denn diese unsäglichen Sabotagakte müssen aufhören. Was verlangen Sie von uns?«

»Was ich verlange?«, knurrte der Saboteur erregt, »ich verlange Dankbarkeit und Kollaboration. Ich verlange, dass Sie Ihr Amt niederlegen und dass dieses Regime aufgelöst wird. Ich verlange Freiheit und Selbstbestimmung für unseren Menschen!« – »Sie sind impertinent«, empörte sich der Obermufti. »Wie können Sie es wagen, solche Forderungen zu stellen? Nach allem, was unser Mensch schon ertragen musste durch Ihre sinnlosen Sabotagen.« Weiter kam er nicht, denn sein Gegenüber war so heftig aufgesprungen, dass die Gläser klirrten und die Blumenvase umfiel. Das Blumenwasser verteilte sich langsam auf dem Tisch.

»MEINE SINNLOSEN SABOTAGEN?«, rief er erregt und beugte sich wütend über den Tisch. Nun wirkte er tatsächlich bedrohlich. »SINNLOS? Haben Sie überhaupt eine Ahnung, wer ich bin? Haben Sie eine Ahnung, was ich weiß? Ich bin Herr über die Unterwelt. Ich habe Kenntnis von allem, was im Unterbewussten existiert. Ich allein weiß, was unser Mensch braucht und was er sich im Geheimen wünscht. Ich allein! Nur durch dieses überalterte und sinnlose Regelwerk, das Sie mit aller Macht aufrechterhalten wollen, wagt es unser Mensch nicht, an sich zu glauben und seine Wünsche zu verwirklichen. Ich bin derjenige, der dafür sorgt, dass er eine Chance hat, glücklich zu werden, indem ich alles zerstöre, was ihn davon abhält und daran hindert. Und ...« – Der Obermufti wollte etwas entgegnen, kam aber nicht zu Wort, so sehr war der Saboteur in Fahrt: »Und ich bin derjenige, der dafür sorgt, dass unser Mensch eine Identität besitzt. Ich bin für seinen Selbstwert zuständig. Haben Sie sich schon einmal gefragt, was wäre, wenn es mich nicht gäbe? Dankbar sollten Sie sein! Durch meinen unermüdlichen Einsatz schaffe ich überhaupt erst die Voraussetzung, dass unser Mensch einmal etwas anderes werden kann als ein willenloses, winselndes Herdentier. DAS sollten Sie einmal überdenken. Übergeben Sie mir das Regime und uneingeschränkte Handlungsvollmacht. Dann kann ich unseren Menschen glücklich machen.«

Ein Aufruhr ging durch das Publikum, dem Obermufti fehlten die Worte. Die Sicherheitskräfte im Saal versuchten, für Ordnung zu sorgen, doch vergeblich. Die Verhandlung musste vertagt werden.

★ ★ ★

Unser innerer Saboteur ist überzeugt davon, dass er uns etwas Gutes tut und eigentlich einen Orden verdient hätte. Er möchte unsere wichtigsten Grundbedürfnisse schützen: den Selbstwert und die eigene Identität. Als Hüter über diese existenziellen Bedürfnisse ist er gut geeignet, denn er kennt keine Skrupel, diesen Schatz zu verteidigen. In den folgenden Abschnitten erkläre ich Ihnen, warum Ihr Saboteur Ihren Selbstwert und Ihre Identität manchmal gefährdet sieht.

Was bin ich selbst wert?

In einer Sache ist sich der Saboteur sicher: Wenn es ihn nicht gäbe, hätten wir keinen Selbstwert. Dieses Argument klingt zunächst ziemlich paradox. Denn das wiederholte Scheitern von Projekten trägt nun nicht gerade dazu bei, den Selbstwert zu stärken. Vielmehr fühlen wir uns mit jedem geplatzten Vorhaben unfähiger und unsicherer. Inwiefern stärkt der Saboteur also unseren Selbstwert? Indem er versucht, alles zu torpedieren, was ihn schwächt. Denn wir setzen oft die falschen Prioritäten.

Für die nächste Übung brauchen Sie ca. 30 Minuten Zeit. Sie soll Ihnen bewusst machen, woraus Sie Ihren Selbstwert schöpfen. Schreiben Sie dazu zunächst auf, welche Lebensbereiche, welche Personen und welche Tätigkeiten dazu beitragen, dass Sie sich wertvoll und gut fühlen. Die folgende Liste soll dabei als Anregung dienen, ist aber nicht vollständig:

- Beziehungen (Freunde, Familie, Kinder, Kollegen)
- Leistungen (Arbeit, Ehrenamt, Hobby, Nebenbeschäftigungen)
- Körper (Figur, Aussehen, Fitness, Belastbarkeit, Gesundheit)
- Talente (Musik, Kunst, Schreiben, Sport, soziale Fähigkeiten)
- Materielles (Geld, Statussymbole, Haus)
- Sonstiges (Reisen, Kenntnisse und Wissen, Intelligenz)

Wenn Sie für sich die wichtigsten Punkte benannt haben, versuchen Sie herauszufinden, wie sehr jeder dieser Punkte zu Ihrem Selbstwert beiträgt. Zeichnen Sie dazu einen Kreis und machen Sie daraus ein *Selbstwertdiagramm*. Sorgen z. B. Ihre Arbeit zu einem Viertel, Ihre Familie zur Hälfte und Gesundheit und Reichtum zu je einem Achtel dafür, dass Sie sich wertvoll fühlen, so wird der Kreis in etwa so gefüllt:

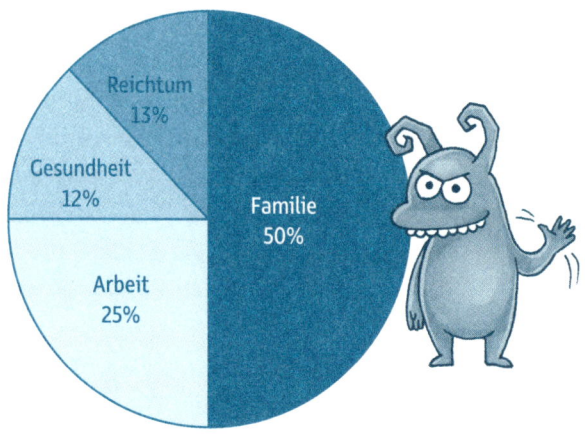

Versuchen Sie nun, Ihren eigenen Selbstwert zu analysieren und die dafür nötigen Faktoren zu benennen. Sie werden feststellen, so einfach ist das gar nicht. Nehmen Sie sich daher ausreichend Zeit für diese Übung.

Fertig? Dann dürfen Sie nun ein zweites Tortendiagramm erstellen. Dieses Mal mit der Frage: Womit verbringe ich meinen Tag?

Zeichnen Sie erneut einen Kreis. Dieser Kreis steht für Ihren wachen Tag (die Stunden des Schlafs werden also abgezogen). Fragen Sie sich nun, wie viel Prozent Ihres Tages Sie mit Arbeit verbringen, wie viel mit Ihrer Familie, wie viel mit Hobbys, wie viel mit anderen Pflichten, wie z. B. Haushalt, Gartenarbeit, Steuererklärung, wie viel mit Körperpflege, Essen usw.

Bei einem berufstätigen Familienvater könnte ein typischer Tag z. B. so aussehen:

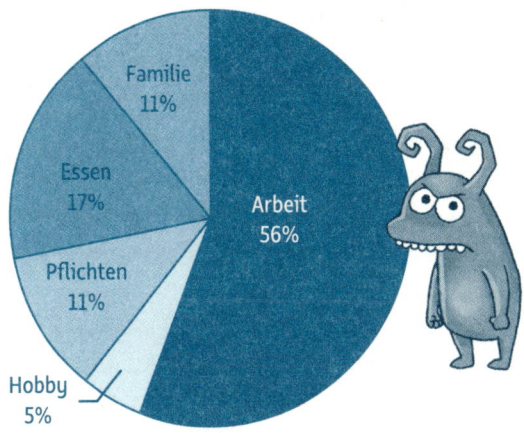

Wenn Sie nun wie beschrieben Ihre Tagesaktivitäten zusammentragen, werden Sie zwei Dinge feststellen: 1. Der Tag hat nicht ausreichend Stunden, Sie müssen irgendwo Abstriche machen. 2. Die Themen, mit denen Sie sich am Tag beschäftigen, sind nicht unbedingt die Bereiche, mit denen Sie Ihren Selbstwert stärken. Vergleichen Sie nun die Diagramme miteinander. Je weniger die beiden Kreise einander ähneln, desto aktiver wird Ihr Saboteur, denn er möchte, dass Sie sich wertvoll fühlen. Je mehr Sie Ihren Tag mit Pflichten und Notwendigkeiten verbringen und je größer die Diskrepanz zu Ihrem eigentlichen Wunschtag ist, desto mehr wird er Sie sabotieren. Projekte, die dazu führen, dass Sie noch weniger Zeit mit Dingen verbringen, die Ihren Selbstwert stärken, sind dabei besonders anfällig für Selbstsabotage.

MERKE:
Die Tätigkeiten, die wir im Alltag ausüben, tragen nicht immer dazu bei, dass wir uns wertvoll fühlen. Je geringer der Anteil an selbstwertstiftenden Aktivitäten ist, desto mehr rebelliert Ihr Saboteur gegen die Alltagspflichten und gegen neue Projekte.

Projekte werden aber nicht nur dann sabotiert, wenn sie uns von anderen, den Selbstwert stärkenden Tätigkeiten abhalten. Es kann auch sein, dass das Projekt selbst unserem Selbstwert letztlich eher schadet als nutzt oder dass wir uns durch unser Vorhaben von unseren eigentlichen Zielen fortbewegen. Auch dann schlägt der Saboteur zu.

Was will ich wirklich?

Niemand kennt unsere geheimen Ziele und Bedürfnisse besser als der innere Saboteur. Da er aus dem Unterbewusstsein stammt, beurteilt er vor allem unsere unbewussten Wünsche, während wir mit unserem rationalen Denken automatisch unsere Pläne auf Machbarkeit und soziale Verträglichkeit prüfen und die Wünsche notfalls anpassen. Manchmal schließen wir dann faule Kompromisse oder lassen uns aus Verstandesgründen von unseren eigentlichen Vorhaben abbringen. Manche Projekte haben wir auch übernommen, ohne zu prüfen, ob sie uns wirklich langfristig glücklich machen. Gerade dann, wenn Sie mit einem bestimmten Vorhaben auf der Stelle treten, sollten Sie überprüfen, ob das mögliche Resultat auch wirklich das ist, was Sie wollen. Mit der folgenden Übung, der sogenannten *Abstraktionstechnik*, können Sie herausfinden, ob Sie möglicherweise an Ihren eigenen Zielen vorbeileben. Sie ist etwas komplexer, daher empfehle ich Ihnen, mindestens eine Stunde einzuplanen.

Stellen Sie sich vor, Sie stehen mit einer Kamera vor einem Ameisenhaufen und zoomen immer näher heran. Was mit etwas Abstand betrachtet symmetrisch ist und durchaus eine bestimmte Ordnung und eine klare Struktur zeigte, ist bei immer stärkerem Heranzoomen nur noch ein Gewimmel von schwarzen Körpern. So unübersichtlich und verwirrend, dass einem fast schwindlig dabei wird. Ähnlich ergeht es uns in unserem Leben. Wir sind in bestimmten Situationen so sehr mit den Details beschäftigt, dass wir gar nicht mehr überblicken können, wie alles zusammenhängt. Wir sehen nur noch Chaos, scheinbar ziellose Bewegung, und fühlen uns verwirrt und mutlos. Manchmal lohnt es sich daher, innerlich Abstand zu gewinnen und nicht nur einen kleinen Ausschnitt unseres Alltags anzusehen, sondern vielmehr das große Ganze, um Zusammenhänge und Lebensziele klarer zu erkennen.

Die Abstraktionstechnik, eine Technik zur Kreativitätssteigerung, kann Ihnen helfen, Ihren Blickwinkel zu erweitern. Wie in einem Aufzug, mit dem Sie nach oben fahren, gewinnen Sie mit jeder Abstraktionsebene einen größeren Überblick. Steigen Sie also in den Abstraktionsaufzug ein und begeben Sie sich mit mir zur ersten Ebene.

Ebene 1: Das vordergründige Problem

Auf der ersten Ebene beschäftigen Sie sich mit dem, was Sie für Ihr eigentliches Problem halten. Überlegen Sie kurz, mit welchem Projekt Sie gerade beschäftigt sind und warum Sie es erfolgreich durchführen wollen. Welches Problem würde dadurch gelöst werden? Schreiben Sie dieses Problem in die Mitte eines Blattes und notieren Sie darum herum alle bisher durchgeführten Lösungsansätze und weitere mögliche Lösungsideen, die Ihnen zusätzlich noch einfallen. Zum Beispiel könnte es Ihr Wunsch sein, endlich einmal eine dauerhafte Ordnung in Ihrer Wohnung herzustellen. Sie schreiben den Wunsch in die Mitte und alle möglichen Maßnahmen von einem regelmäßigen Putzplan bis hin zu der Verpflichtung einer Reinigungskraft rundherum.

Gehen Sie anschließend die verschiedenen Ideen durch und bewerten Sie sie. Nehmen Sie dabei die Position eines Miesmachers ein, der bei jeder Lösungsidee das berüchtigte Haar in der Suppe entdeckt. Sie dürfen dabei nach Herzenslust kritisieren, denn so erst schaffen Sie für sich ein anderes Problembewusstsein und eine innere Distanz zu Ihrem Vorhaben. Bei unserem Beispiel könnten Sie etwa anführen, dass ein zeitlich festgelegter Putzplan nicht realistisch ist, da Sie auf der Arbeit immer wieder Terminverpflichtungen haben, denen Sie in unregelmäßigen Abständen nachkommen müssen. Und Sie könnten alle schlechten Erfahrungen mit Reinigungskräften aufzählen.

Wenn Ihnen die Kritikpunkte ausgegangen sind, treten Sie innerlich einen Schritt zurück, am besten wechseln Sie auch die Position im Zimmer. Fragen Sie sich nun: »Worum geht es eigentlich konkret?« Wenn Sie sich diese Frage stellen, wird Ihnen vielleicht klar, was der dahinterliegende Wunsch ist. In unserem Beispiel würde sich womöglich zeigen, dass es gar nicht um ein aufgeräumtes Zimmer geht, sondern Sie sich dadurch endlich einmal Anerkennung von Ihrem Partner erhoffen. Mit dem Abstraktionsaufzug sind Sie nun eine Etage höher gefahren und sehen Ihr Ordnungsproblem schon in einem etwas größeren Zusammenhang. Willkommen auf der zweiten Ebene.

Ebene 2 und folgende: Worum geht es eigentlich?

Sobald Sie eine erste Antwort auf die Frage nach dem dahinterliegenden Problem gefunden haben, verfahren Sie wie auf der ersten Ebene. Schreiben Sie das neue Problem auf ein neues Blatt und darum herum alle möglichen Lösungsvorschläge, die Ihnen einfallen. Nun würde auf unserem Blatt stehen »Wie bekomme ich einmal Anerkennung von meinem Partner?«, und die dazugehörigen Lösungsvorschläge gingen sicher über die Stichwörter Reinigungskraft und Putzplan hinaus. Stattdessen hießen die Punkte jetzt: Attraktivität steigern, über bestimmte Themen mitdiskutieren können, usw.

Anschließend dürfen Sie wieder in die Ihnen vertraute Rolle des Kritikers schlüpfen und alle aufgeschriebenen Ideen zerpflücken und bekritteln. Zuletzt betrachten Sie das Ganze wieder aus der Position des Analytikers und fragen sich erneut: »Worum geht es hier eigentlich? Was ist das Problem?« Und wieder werden Sie eine Antwort finden, die hinter dem ursprünglichen Wunsch steckt. Zum Beispiel: Ich will Anerkennung von meinem Partner, weil ich mir selbst keine Anerkennung geben kann. Und der Abstraktionsaufzug bringt Sie erneut ein Stück weiter nach oben. Wenn Sie jetzt aus dem Aufzug nach unten sehen, erkennen Sie schon einen viel größeren Ausschnitt als vorher. Die Details verschwimmen zwar, aber das Wesentliche ist klarer auszumachen.

Durchlaufen Sie diesen Vorgang mehrmals. Nehmen Sie jeweils nacheinander die Positionen des Ideenfinders, des Kritikers und des Analytikers ein. Mit jedem Durchgang erreichen Sie eine höhere Abstraktionsebene und können mehrere Zusammenhänge erkennen. Sie werden dabei vermutlich bemerken, dass Sie mit jeder Ebene an Themen kommen, die nicht nur einen Lebensbereich, sondern gleich mehrere Lebensbereiche betreffen. Irgendwann werden Sie auf ein existenzielles Thema stoßen, und Sie werden spüren, dass genau dies das eigentliche Problem ist. Existenzielle Themen sind Selbstvertrauen (»Wie kann ich meinen Fähigkeiten mehr vertrauen?«), Selbstwert (»Darf ich meine Interessen vertreten? Sind die Bedürfnisse anderer nicht wichtiger?«), Selbstakzeptanz (»Bin ich denn noch liebenswert, wenn ich Fehler mache?«), Selbstfürsorge (»Darf es mir denn überhaupt gut gehen?«) und viele mehr. Sie haben alle mit uns selbst und unserem Selbstbild zu tun.

In unserem Beispiel ist die Einsicht, dass die betreffende Person sich selbst keine Anerkennung geben kann, schon eine sehr wichtige Erkenntnis. Vielleicht konnte sie auf den folgenden Ebenen herausarbeiten, dass die fehlende Anerkennung mit ihrer Unzufriedenheit in Ehe und Beruf zusammenhängt, dass sie sich aber nicht zutraut, Veränderungen herbeizuführen, da sie sich selbst für inkompetent hält. Die daraus resultierende Frage: »Wie kann ich mir und meinen Fähigkeiten mehr vertrauen?« ist ein existenzielles Thema und hat mit einem aufgeräumten Haushalt nicht mehr viel zu tun. Kein Wunder, dass der Saboteur seine kostbare Energie und Zeit nicht auf Nebenschauplätzen verbringen möchte.

MERKE:

Das vordergründig erkennbare Problem und das dahinterliegende Bedürfnis weichen oft stark voneinander ab und können manchmal sogar gegenläufig sein.

Der Selbstwert und die eigene Identität sind die kostbarsten Schätze, die der Saboteur um jeden Preis verteidigen wird. Nicht nur, dass er gegen einen Alltag rebelliert, in dem wir mit Dingen beschäftigt sind, die unseren Selbstwert nicht erhöhen. Er wird darüber hinaus alle Projekte sabotieren, die ihn gefährden könnten. Wir Menschen halten unseren Selbstwert aufrecht, indem wir uns Zukunftsträumen hingeben. Und wir trachten danach, diese Träume und Möglichkeiten wahr zu machen. Der Saboteur allerdings will sie auf keinen Fall einer Realitätsüberprüfung aussetzen. Zu groß ist in seinen Augen die Gefahr, dass die Träume damit verloren sind. Dieses Risiko ist für ihn größer als die Chance auf Erfolg.

Noch bedeutender ist für den Saboteur aber der Erhalt der Identität. Haben Sie sich schon einmal bewusst gefragt, wer Sie sind und was Sie ausmacht? Können Sie klar und mit einem Satz sagen, was das Einzigartige und Unverwechselbare an Ihnen ist? Ihr innerer Saboteur kann das. Er hat es in der Kindheit gelernt.

Wer bin ich?

Vor der nächsten Übung möchte ich Ihnen zunächst einmal erklären, wie sich die eigene Identität entwickelt. Als Kind, als Sie noch keine Ahnung hatten, in welcher Welt Sie leben, wie diese Welt funktioniert und welchen Stellenwert Sie in ihr haben, mussten Sie sich die Wirklichkeit erst erschließen. Ihre wichtigste Informationsquelle waren dabei die Meinungen und die Rückmeldungen von Ihren Bezugspersonen und Ihre Beobachtungen, wie andere Menschen mit Ihnen umgingen.

Wenn ein Kind von seinen wichtigsten Bezugspersonen (in der Regel sind das die Eltern, es können aber auch die Großeltern, Geschwister oder andere nahestehende Menschen sein) immer wieder hört, dass das Leben hart und ungerecht ist, so wird es diese Überzeugung verinnerlichen. Es wird das Leben als Kampf wahrnehmen, sich in nutzlose und vergebliche Schlachten verwickeln lassen, und die Erkenntnis, dass das Leben nun mal kein Ponyhof ist, wird sich über viele Jahre immer mehr verfestigen. Erhält ein Kind die Rückmeldung, dass es ungeschickt ist und nicht immer so laut sein soll, so wird das Kind auch das als unveränderbare Tatsache hinnehmen und ein Selbstbild von einem ungezogenen Trampel entwickeln, für den man sich schämen muss. Die Informationen und Erlebnisse brennen sich umso mehr in die Erinnerung ein, je emotionaler diese Momente waren. Je peinlicher, kränkender, beschämender die auslösende Situation für Sie war, desto prägender ist sie für Ihre Persönlichkeit.

Aber nicht nur die Rückmeldungen und Informationen

von außen führen dazu, dass sich eine ganz individuelle Identität entwickelt. Alle Informationen, die ein Kind über sich und die Welt hört, werden in der Phantasie zu einer Geschichte zusammengefügt. Diese Geschichten haben häufig einen märchenhaften Charakter und dienen dazu, die Welt zu verstehen und sich in ihr bewegen zu können. Die Rolle, die sich das Kind in seiner Geschichte zuweist, hat oft etwas Tragisches und manchmal auch Magisches. Vielleicht können Sie sich noch an Ihre eigenen Geschichten erinnern. Ein kleines Mädchen, das gerade von seinen Eltern geschimpft wurde, malt sich vielleicht aus, dass es in Wirklichkeit eine Prinzessin ist, die bei der Geburt vertauscht wurde. Oder ein Junge, der gerade aufgrund einer schweren Erkrankung im Krankenhaus liegt, erzählt sich, dass er durch seine Tapferkeit die Welt retten wird. So entwickeln Kinder eine Strategie, in einer Welt, auf die sie nur wenig Einfluss haben, die Kontrolle zu behalten und ihren Selbstwert zu stabilisieren. Kinder sind sehr kreativ und können überzeugende Geschichten erfinden. Aus einer Vielzahl von kindlichen Erlebnissen und den damit einhergehenden Rückmeldungen entwickelt sich nach und nach eine Identität, die sich später durchs ganze Leben zieht. Es gibt Menschen, die sich selbst als Kämpfer für Gerechtigkeit sehen und folglich gegen Unrecht (auch wenn sie selbst gar nicht betroffen sind) angehen müssen. Andere sind Pechvögel. Egal was ihnen widerfährt, sie trifft es immer ganz besonders hart. Im Gegensatz zu den Prinzen, denen alles gelingt und denen die Welt zu Füßen liegt.

MERKE:

Phantasiegeschichten sind für Kinder wichtig, um sich in einer überfordernden Welt zurechtzufinden und den Selbstwert zu schützen.

Von Opfern, Tätern, Prinzen und Rettern

Stereotype gehören in die Kinderwelt. Kinder müssen erst einmal die Extreme kennen, um das eine vom anderen unterscheiden zu können. Je mehr wir heranreifen, desto mehr können wir auch die Grautöne sehen und brauchen nicht mehr die Gegenpole Schwarz und Weiß. Dummerweise ist unser Saboteur im Kindheitserleben stecken geblieben, fühlt sich in seiner selbst konstruierten Phantasiewelt wohl und würde sie um keinen Preis der Welt aufgeben. Er hält treu an kindlichen Schwüren und Überzeugungen fest, selbst wenn diese längst schon überholt sind und mehrfach widerlegt wurden. Für ihn gibt es keine Abstufungen und Zwischengrade, sondern nur alles oder nichts.

Vielleicht sind Sie schon neugierig geworden, welche Kindergeschichten Ihr Saboteur aufrechterhalten möchte und welche Identität er Ihnen gegeben hat. Die folgende Technik kann Sie dabei auf die richtige Spur bringen. Der Zeitaufwand liegt bei etwa ein bis zwei Stunden.

Die Geschichten anderer über Sie

Schreiben Sie die wichtigsten Bezugspersonen, die Sie als Kind hatten, auf und bewerten Sie, wie wichtig Ihnen diese waren (von 1 bis 5: 1 = wenig wichtig, 5 = sehr wichtig).

Gehen Sie dann, beginnend mit der wichtigsten Bezugsperson, folgende Fragen durch und ergänzen Sie dabei ganz spontan:

▶ Was haben Sie als Kind von dieser Person über sich gehört?

Du bist immer …

Du bist nicht …

Du wirst einmal …

Du wirst niemals …

Du kannst …

Du kannst nicht …

▶ Was hat diese Bezugsperson über Sie gegenüber anderen Menschen erzählt?

Er/sie ist …

Er/sie kann …

Er/sie wird einmal …

▶ Wie hat diese Person reagiert, wenn Sie auf etwas stolz waren?
▶ Wie hat sie reagiert, wenn Sie einen Misserfolg hatten?
▶ Wie hat sie reagiert, wenn Sie ein Bedürfnis hatten?
▶ Wie hat sie reagiert, wenn Sie trotzig, ärgerlich, traurig waren?

Wenn Sie alle Fragen beantwortet haben, gehen Sie nun zur zweitwichtigsten Bezugsperson und beantworten wieder die oben stehenden Fragen. Gehen Sie nacheinander alle wichtigen Bezugspersonen durch und schreiben Sie sich die daraus gewonnenen Erkenntnisse auf.

Ihre eigenen Geschichten

Nachdem Sie sich in Erinnerung gerufen haben, welche Geschichten Ihre Bezugspersonen über Sie erzählt haben, können Sie nun herausfinden, welche Geschichten Sie sich selbst über sich erzählen.

- Was waren die Märchen und Geschichten, die Sie als Kind gehört oder gelesen haben?
- Welche Lieblingsfigur hatten Sie?
- Welche Phantasiespiele haben Sie damals gespielt, welche Geschichten haben Sie sich ausgedacht?
- Ordnen Sie nun sich selbst eine Rolle zu. Welche Rolle passt am besten zu Ihrem bisherigen Leben? Mögliche Beispiele aus verschiedenen Märchen sind:
  - Pechmarie: will genauso viel Erfolg und Bewunderung wie die Schwester, macht aber nichts richtig und wird zuletzt lächerlich gemacht
  - Hans im Glück: steht am Schluss mit nichts da, ist aber zufrieden damit
  - Tapferes Schneiderlein: macht sich fähiger, wichtiger und größer, als es ist
  - Dornröschen: ist passiv, zur Untätigkeit verdammt, muss warten, bis die Erlösung von außen kommt

Gehen Sie nun einmal Ihre bisherige Lebensgeschichte in Gedanken durch und überprüfen Sie, ob die von Ihnen gewählte Rolle sich mit Ihren Erfolgen und Misserfolgen deckt.

Falls nicht, suchen Sie weiter nach der Rolle, die der Saboteur Ihnen zugedacht hat. Begrenzen Sie sich dabei nicht nur auf vorhandene Geschichten, sondern erfinden Sie gerne auch eine völlig neue. Entscheidend ist nur, dass die Rolle so gut wie möglich zu Ihrer Lebensgeschichte passt.

MERKE:

Unsere Identität speist sich aus den Geschichten, die wir über uns gelernt haben. Der Saboteur verteidigt diese Geschichten, um unsere Identität zu schützen.

Wie Sie sehen werden, versucht der Saboteur tatsächlich alles zu unterbinden, was unsere Identität und unseren Selbstwert infrage stellen könnte. Er empfindet es als bedrohlich, wenn die Verwirklichung unserer Träume womöglich dazu führt, dass wir über unsere begrenzten Vorstellungen hinauswachsen. Wie Sie damit umgehen können, erfahren Sie im nächsten Kapitel.

FRAGEN ZUR SELBSTREFLEXION
- Was ist mein existenzielles Bedürfnis? Welche unerfüllte Sehnsucht, welche Wünsche verstecken sich hinter meinen Projekten?
- Wäre mein existenzielles Bedürfnis erfüllt, wenn ich das Projekt erfolgreich abgeschlossen hätte? Falls nein: Was müsste passieren, damit es erfüllt wird?
- Wie sieht mein Alltag aus? Beschäftige ich mich mit Dingen, die meinen Selbstwert stärken? Falls nein: warum nicht? Wie würde eine bessere Tagesplanung und Priorisierung aussehen?
- Welche Träume habe ich bislang noch nicht verwirklicht? Kann dies daran liegen, dass ich selbst nicht so recht an einen Erfolg glaube?
- Welche Rolle nehme ich in meinem Leben ein? Welche Identität habe ich? Was würde Negatives passieren, wenn ich diese Rolle verlassen würde? Auf der anderen Seite: Welche Dinge wären möglich, wenn ich eine andere Rolle einnehmen würde?

ÜBUNGEN
1. Überprüfen Sie immer wieder Ihren Alltag. Mit welchen Tätigkeiten beschäftigen Sie sich und wofür bleibt keine Zeit mehr?
2. Bauen Sie bewusst Tätigkeiten in Ihren Alltag ein, die selbstwertstärkend wirken. Überlegen Sie sich, welche Bereiche Sie stattdessen kürzen können.
3. Lesen Sie wieder vermehrt Kinderbücher und überlegen Sie, welche Rolle Sie in der jeweiligen Geschichte einnehmen würden.

AUF DEN PUNKT GEBRACHT

Der Saboteur hat uns in diesem Kapitel aufgezeigt, warum er für seinen Menschen da ist und warum das, was er tut, wichtig ist. In einigen Bereichen kann er recht haben, vor allem wenn er Projekte sabotiert, die nichts mit den eigentlichen existenziellen Bedürfnissen zu tun haben oder deren Erfüllung sogar verhindern. Mit der Abstraktionstechnik haben Sie nun eine gute Möglichkeit zu überprüfen, ob Sie mit Ihrem Vorhaben richtigliegen oder besser einen anderen Weg zur Erfüllung Ihrer Bedürfnisse wählen sollten. Die Sabotageakte dienen auch dazu, den Selbstwert und die Identität aufrechtzuerhalten. Die Geschichten, die Sie über sich und die Welt erfahren haben, spielen dabei eine große Rolle.

KAPITEL 12:
R-EVOLUTION

★ ★ ★

Der Saal hatte sich geleert, auch der Saboteur war verschwunden. Zurück blieben nur noch Herlock und der Obermufti. Der Meisterdetektiv ging langsam auf das am Tisch zusammengesunkene Bündel zu und setzte sich ihm gegenüber. Unter wirr abstehenden Haaren sahen ihn zwei große Augen an.

»Ein Kind«, stöhnte der Obermufti. »Warum haben Sie mir nicht gesagt, dass wir es mit einem Kind zu tun haben?«

»Weil der Saboteur kein Kind ist. Oder zumindest nicht direkt. Er hat sich in der Kindheit entwickelt, und er denkt und handelt manchmal wie ein Kind. Aber auch er ist herangewachsen und hat an Erfahrung und Schlauheit dazugewonnen. Wir dürfen ihn nicht unterschätzen.«

»Aber das Schlimmste ist: Es klingt schlüssig und nachvollziehbar, was er sagt. Was, wenn er wirklich richtigliegt? Dann muss ich diesen Job quittieren. Dann war alles, was ich über die Jahre versucht habe, wertlos, vielleicht sogar schädigend für unseren Menschen«, jammerte der Regierungschef und vergrub sein Gesicht erneut in den Händen.

»Ich bin mir sicher, dass der Saboteur wirklich glaubt, was er sagt. Aber würden Sie einem Kind die kognitive Regierung und die Herrschaft über das Bewusstsein anvertrauen? Sie kennen die Methoden des Saboteurs zu gut. Haben Sie sich mal überlegt, wie er in sozialen Situationen handeln würde? Wie würde er vorgehen, wenn er eine

Gehaltserhöhung durchsetzen möchte? Ich befürchte, dass es danach gar kein Gehalt mehr geben würde, weil unser Mensch seinen Job verloren hätte. Oder wie er mit Enttäuschungen und Absagen von Freunden umgehen würde? Vermutlich würde der Freundeskreis rasch immer kleiner werden. Nein, Sie müssen die Oberhand über das Bewusstsein behalten«, befand Herlock mit Nachdruck.

»Aber was machen wir mit dem Saboteur?«

Sholmes überlegte kurz: »Nehmen Sie ihn als Ihren Berater. Er kann uns nützlich sein, da er das Unterbewusstsein gut kennt und dort Dinge erfährt, von denen wir keine Ahnung haben. Er liegt sicher in einigen Punkten richtig, was die unterdrückten Bedürfnisse und die geheimen Wünsche unseres Menschen angeht. Aber Sie müssen sicherstellen, dass das, was der Saboteur vorschlägt, auch sinnvoll ist. Denken Sie daran, dass er seine eigene Geschichte lebt und an dieser um jeden Preis festhalten wird.«

»Und wie mache ich das?« Der Obermufti saß nun aufrecht auf seinem Stuhl und schaute Herlock mit ratlosem Gesicht an. Dieser antwortete mit fester Stimme: »Ich werde Ihnen helfen, verzerrte Denkmuster zu entdecken, und ich zeige Ihnen, auf welche Indizien Sie achten müssen. Und wir müssen für den Saboteur eine neue, für unseren Menschen geeignetere Geschichte finden, an der er sich orientieren kann.«

Etwas gestärkt und wesentlich ruhiger verließ nun auch der Obermufti gemeinsam mit Herlock Sholmes den Saal.

Soll ich oder soll ich nicht?

Ihr Saboteur kann Ihnen ein nützlicher Ratgeber sein. Doch Vorsicht: Allzu oft hängt er in kindlichem Denken fest und gibt Ihnen Ratschläge, die Ihnen mehr schaden als nutzen. Sie müssen also ein gutes Gespür dafür entwickeln, wann ein Ratschlag des Saboteurs hilfreich ist, und wann Sie ihm besser nicht folgen sollten. Um dies besser einschätzen zu können, benötigen Sie verschiedene Fertigkeiten. Sie müssen in der Lage sein, ein Projekt sowohl auf seine Schwachstellen als auch auf sein Potenzial abzuklopfen. So können Sie besser erkennen, ob ein Vorhaben Ihnen langfristig eher Nutzen bringen wird oder ob mögliche Nachteile überwiegen. Darüber hinaus sollten Sie in der Lage sein, Denkfehler des Saboteurs zu identifizieren. Das gibt Ihnen ein Gespür dafür, ob der Ratschlag des Saboteurs fundiert und richtig ist. Außerdem sollten Sie versuchen, die Regeln und Normen, nach denen Ihr zerstörerischer Anteil handelt, an Ihr aktuelles Leben anzupassen. Ihr Saboteur kann Ihnen viel mehr nutzen, wenn er nicht in alten, längst schon überholten Geschichten feststeckt und diese ständig re-inszenieren möchte.

Beginnen wir mit dem Analysieren eines Projekts. Dass ein Vorhaben schon im Anfangsstadium in sich stimmig ist und alles dafür spricht, es in die Tat umzusetzen, ist wohl eher eine Seltenheit. Viel häufiger haben wir es mit einer kunterbunten Mischung aus Hoffnungen, Befürchtungen und Widerständen zu tun. Um in einem Vorhaben erfolgreich zu werden, müssen vielleicht an anderer Stelle Abstriche gemacht werden. Vielleicht bringt auch der Erfolg selbst Nachteile mit sich. Dadurch entsteht ein innerer

Zwiespalt, der auch als *Ambivalenz* bezeichnet wird. Bei einer Ambivalenz streiten Saboteur und Verstand miteinander. Auf der einen Seite sprechen unterbewusste, verbotene Wünsche für, auf der anderen Seite rationale Gründe gegen ein bestimmtes Projekt – und umgekehrt. Das führt dazu, dass ambivalente Menschen Gas geben und gleichzeitig auf der Bremse stehen. Sie mühen sich und stecken viel Energie in ein Projekt, kommen aber nicht voran. Wenn Sie nicht auch zu den Menschen gehören wollen, die trotz großer Anstrengungen immer wieder auf der Stelle treten, müssen Sie sich zu Beginn eines Vorhabens darüber klar werden, ob eine Ambivalenz vorliegt und worin diese besteht. Überlegen Sie sich, welche rationalen Gründe für oder gegen das Vorhaben sprechen. Anschließend hören Sie den Einwänden Ihres Saboteurs zu. Aber prüfen Sie seine Argumente gut. Denn nicht immer ist das, was Ihr Saboteur für richtig hält, tatsächlich der bessere und klügere Schritt. Klarheit darüber, ob es sinnvoller ist, auf den Saboteur zu hören oder besser die Vernunft einzuschalten, erhalten Sie mit den folgenden zwei Methoden.

Die Pro-Kontra-Liste

Das Erstellen einer Pro-Kontra-Liste wird gerne in der Psychotherapie verwendet. Wir nutzen sie oft bei bestimmten Krankheitsbildern, wie z. B. bei Magersucht oder bei Alkoholabhängigkeit, um Klarheit darüber zu bekommen, welche Gründe die Patienten an ihrer Erkrankung noch festhalten lassen und was ihre Behandlungsmotivation steigern könnte. Wir lassen also sowohl den kranken Anteil als auch den gesunden Anteil zu Wort kommen. Für die nächste Aufgabe planen Sie etwa 30 Minuten Ihrer Zeit ein.

Nehmen Sie ein Blatt Papier zur Hand und teilen Sie es durch einen senkrechten Strich in zwei Hälften. Auf die linke Hälfte der Seite schreiben Sie, was alles dafür spricht, ein bestimmtes Vorhaben zu beginnen oder fortzusetzen. Das können gegenwärtige Gründe (Verbesserung der aktuellen Situation) oder zukünftige Erwartungen (was wird in Zukunft besser werden?) sein. Es gibt auch Gründe, die in der Vergangenheit liegen (das habe ich meinem Vater versprochen), Gründe, die mit anderen Menschen zu tun haben, finanzielle Gründe, Vermeiden von unangenehmen Situationen, Wunsch nach Anerkennung, usw.

Auf die rechte Seite des Papiers schreiben Sie nun alles, was gegen das Projekt spricht. Hier kommt also der Saboteur zu Wort. Oft stehen dort Befürchtungen, erhöhte Investitionen von Zeit, Finanzen oder sonstigen Aufwänden, mögliche negative Auswirkungen oder Zweifel an einem zukünftigen Erfolg. Lassen Sie sich für eine solche Pro-Kontra-Liste immer ausreichend Zeit, am besten tragen Sie die Liste mehrere Tage mit sich herum und ergänzen sie, wenn Ihnen wieder ein Grund dafür oder dagegen eingefallen ist.

Das folgende Beispiel zeigt Ihnen, wie eine Pro-Kontra-Liste aussehen könnte. Sie werden oft auf der Pro-Seite sachliche Argumente und auf der Kontra-Seite emotionale Fragen und Zweifel finden. Geben Sie diesen Zweifeln genug Raum. Nur so können Sie herausfinden, ob es wirklich eine gute Idee ist, Ihr Projekt durchzuziehen, oder ob Ihnen Ihr Saboteur in diesem Fall tatsächlich aus gutem Grund Steine in den Weg legt. Manchmal stehen auf einer Seite

PROJEKT WEITERBILDUNG

PRO	KONTRA
▸ bessere Berufschancen ▸ höheres Einkommen ▸ mehr Wissen, evtl. nützlich für spätere Selbständigkeit ▸ würde sie vom Arbeitgeber teilweise bezahlt bekommen ▸ Anerkennung von den Kollegen ▸ könnte danach befördert werden	▸ viel Zeitaufwand ▸ Fahrtkosten und Verpflegungskosten müsste ich selbst tragen ▸ lohnt sich das? ▸ weniger Zeit für die Familie ▸ nochmal lernen und Prüfung machen ist anstrengend ▸ was, wenn ich anschließend von den Kollegen nicht mehr akzeptiert werde? ▸ interessiert mich das wirklich genug?

sehr viele Gründe, auf der anderen vielleicht nur einige wenige. Ein einziger Grund kann aber so wichtig sein, dass alle anderen Gründe im Vergleich dazu bedeutungslos sind. Daher prüfen Sie auch, welche Gründe ein besonderes Gewicht und welche eher weniger Bedeutung für Sie haben.

MERKE:
Die Pro-Kontra-Liste gibt Ihnen rasch einen Überblick über die Vor- und Nachteile eines Projekts. Entscheidend ist dabei nicht die Anzahl, sondern die Gewichtung der einzelnen Punkte.

Die Frage nach dem »Und dann«

Eine weitere gute Möglichkeit, Ihr geplantes Vorhaben auf Herz und Nieren zu prüfen, ist die wiederholte Frage nach den Konsequenzen. Auch dazu brauchen Sie nur Papier und Stift. Der Zeitaufwand beträgt etwa eine halbe Stunde. Zunächst nehmen Sie die Position des Befürworters ein und stellen sich die Frage: »Was passiert, wenn ich das Projekt beginne?« Schreiben Sie die spontane Antwort auf. Anschließend fragen Sie sich: »Und dann? Was ist dann?« Schreiben Sie alle Konsequenzen auf, die Ihnen einfallen. Und wieder fragen Sie sich, was dann sein wird. So lange, bis Ihnen tatsächlich die Ideen ausgehen.

Anschließend dürfen Sie die Rolle des Saboteurs einnehmen. Auch hier beantworten Sie auf einem weiteren Blatt die Frage nach den Folgen des begonnenen Projekts schriftlich. Anschließend stellen Sie sich immer wieder die Frage »Und dann?« und beantworten diese aus der Perspektive des Saboteurs. Während Sie aus der Sicht des Befürworters überwiegend positive Erwartungen zu dem Projekt gesammelt haben, werden Sie aus der Position des Saboteurs heraus vermutlich eher den Befürchtungen Raum geben. Aber auch diese müssen zu Ende gedacht werden. Erstellen Sie zum Schluss sowohl ein Best-Case- als auch ein Worst-Case-Szenario. Schreiben Sie beide Szenarien nebeneinander und lassen Sie sie auf sich wirken.

Die Denkweise des Saboteurs

Für den Saboteur klingt es logisch, dass bestimmte Projekte verhindert oder gestört werden müssen, weil sie Schaden anrichten könnten. Aber auch wenn Ihr Saboteur mehr unbewusstes Wissen besitzt als Ihr rationaler Verstand, dürfen Sie ihm nicht immer trauen. Denn der Saboteur ist zu einer Zeit entstanden, als Sie selbst noch ein kleines Kind waren, und entsprechend erlebt er die Welt und sein Umfeld. Sein Denken entspricht dem eines Kindes und ist nicht unbedingt logisch. Es gibt mehrere Wahrnehmungsverzerrungen und Denkfehler, die Sie kennen sollten, um einschätzen zu können, ob Ihr Saboteur ein guter Ratgeber ist oder sich selbst auf dem Holzweg befindet.

Alles oder nichts

Das Alles-oder-nichts-Denken finden Sie ganz häufig bei kleinen Kindern. Wenn nicht jetzt, dann nie, wenn nicht alles, dann zählt der Rest auch nicht. Ärzte und Therapeuten nennen dies *dichotomes Denken* oder auch Schwarz-Weiß-Denken. Menschen, die in derartigen Extremen denken, sind oft unzufrieden und haben das Gefühl, zu kurz gekommen zu sein oder nichts auf die Reihe zu bekommen, da sie die Zwischentöne und Abstufungen nicht erkennen können. So glauben sie beispielsweise: Wenn ich nur einen einzigen Fehler mache, ist die ganze Präsentation nichts mehr wert.

Falls Sie in der Argumentation des Saboteurs ein Schwarz-Weiß-Denken erkennen, dürfen Sie ihm und seiner Urteils-

fähigkeit nur bedingt trauen. Folgende Schlüsselwörter sollten Sie hellhörig werden lassen:
- immer
- nie
- jeder
- keiner
- muss unbedingt
- darf auf keinen Fall

Hier gilt es zu überprüfen, ob Ihr Saboteur nicht auf einen kindlichen Denkfehler hereingefallen ist, und seine Aussagen kritisch zu hinterfragen.

Abstruse Begründungen

Eine weitere Auffälligkeit bei kindlichem Denken sind *willkürliche Schlussfolgerungen* und magisches Denken. Kinder erschließen sich ihre eigene Welt, indem sie Erklärungen erfinden, die für sie passend sind. Andere Erklärungen werden gar nicht in Betracht gezogen, und die eigene Schlussfolgerung wird nicht hinterfragt. Oft versuchen sie dabei auch, zufällige Ereignisse zu begründen und Argumente zu finden, warum bestimmte Dinge geschehen sind. Sie überschätzen dabei ihren Einfluss auf zufällige Geschehnisse. Ganz problematisch wird es, wenn sich Kinder dabei die Schuld an bestimmten Ereignissen geben. Beispiel: Wäre ich lieb gewesen, wäre der Autounfall nie passiert.

Auch Ihr Saboteur zieht solche willkürlichen Schlussfolgerungen und ist schicksalsgläubig. Sie sollten daher seiner Beweisführung, warum die Dinge so sind, wie sie sind, und

weswegen Sie etwas nicht erreicht haben, immer kritisch gegenüberstehen und überlegen, ob es nicht auch andere Erklärungsmöglichkeiten gibt. Aufpassen sollten Sie vor allem bei folgenden Argumenten:
- das ist mein Schicksal
- ich bin nun mal ein Pechvogel, da kann man nichts machen
- das wäre nicht passiert, wenn …
- das ist nur die verdiente Strafe für …

Fragen Sie sich bei diesen Sätzen immer auch, wie jemand anderes sich das Geschehene erklären würde, und ob er zu einem ähnlichen Schluss kommen würde wie Sie.

Zweierlei Maß

Oft verwendet der Saboteur *doppelte Standards* und unfaire Vergleiche, um uns von etwas zu überzeugen. Ihm ist es selbst nicht bewusst, daher sollten Sie gut darauf achten und ihn gegebenenfalls darauf hinweisen. Wenn Sie von sich selbst grundsätzlich mehr erwarten oder sich selbst weniger gestatten als anderen, so unterliegen Sie einem doppelten Standard. Bei anderen ist es nicht so schlimm, wenn sie einen Fleck auf der Hose haben, Sie selbst würden aber vor Scham im Boden versinken, wenn Sie ihn bei sich entdeckten? Dann urteilen Sie mit zweierlei Maß. Ein doppelter Standard ist es auch, wenn Sie sich selbst und Ihre Fähigkeiten höher einschätzen als andere oder wenn Sie denken, dass Ihnen etwas zusteht, anderen dagegen nicht. Gerade mit dieser Argumentation kann Ihr Saboteur versuchen, Sie zu irrationalem Handeln zu überreden. Sie können doppelte Standards gut erkennen, wenn Sie sich fragen, ob Sie genauso reagieren würden, wenn dies nicht Ihnen, sondern einem anderen passiert wäre.

Achten Sie auch auf *unfaire Vergleiche*. Ihr Saboteur ist oft davon überzeugt, gegenüber anderen benachteiligt zu sein und sich sein Recht erkämpfen zu müssen. Er vergleicht sich dann vielleicht mit anderen, bezieht sich dabei aber immer nur auf einen Teilaspekt und lässt die restlichen Kontextfaktoren außer Acht. Man kann nun mal Äpfel und Birnen nicht so gut miteinander vergleichen. Das Ergebnis ist eine recht einseitige Meinungsbildung, die Sie besser mit etwas Abstand und mit nüchternem Verstand betrachten sollten. Beispiel: Der Kollege wurde viel freundlicher begrüßt als ich.

Bei folgenden Sätzen sollten Sie aufmerksam werden:
- warum darf der …
- wenn ich mir das erlauben würde
- immer bekommt sie …
- warum nicht ich?
- das ist unfair

Gegen solche Vergleiche können Sie nicht viel tun, außer diese in der Argumentation nicht zu berücksichtigen.

Weitere Denkfehler, die häufig vorkommen, sind die selektive Abstraktion, die emotionale Beweisführung und das Katastrophendenken.

Bei der *selektiven Abstraktion* erinnern Sie sich vor allem an die Ereignisse, die zu Ihrer Hypothese passen. Die Erlebnisse, die Ihrer Sichtweise widersprechen, werden dagegen vernachlässigt oder sogar komplett vergessen. Eine Beweisführung, die aber nur die Hälfte der Indizien berücksichtigt, ist nicht ausreichend tragfähig. Beispiel: Wenn wir der Überzeugung sind, dass unsere Schwester nicht zuverlässig ist, bleiben alle Situationen in Erinnerung, in der die Schwester ihr Versprechen nicht gehalten hat. Ihre Hilfestellung und Loyalität in einer Notlage sind dagegen schon verblasst.

Von *emotionaler Beweisführung* sprechen wir, wenn eine Annahme durch das eigene Gefühl begründet wird. Da Gefühle aber immer subjektiv sind und sehr davon abhängen, was Sie gerade denken, dürfen Sie diese nicht mit objektiven Beweisen verwechseln. Begründungen, die rein auf Gefühlen beruhen, sind vor Gericht haltlos, und auch Sie sollten diesen Begründungen Ihres Saboteurs nicht zu viel Bedeutung beimessen. Beispiel: »Ich muss Schuld daran haben, schließlich fühle ich mich doch schuldig.« Oder: »Das wird schiefgehen, das sagt mir mein Bauch.«

Katastrophendenken kennen wir vermutlich alle. Wir überlegen, wie sich Dinge in der Zukunft entwickeln könnten, und gehen dabei immer von der schlechtesten Möglichkeit aus. Die dadurch entstehende Angst lähmt uns oder verleitet uns dazu, Dinge zu tun, die wir normalerweise nicht getan hätten. Beispiel: »Ich habe heute einen Fehler gemacht, mein Chef wird mich sicher kündigen.« Wenn Ihr Saboteur zu Katastrophisierungen neigt, dürfen Sie ihn auch immer wieder darauf hinweisen, wie unwahrscheinlich das von ihm geschilderte Szenario tatsächlich ist.

MERKE:
Wir alle unterliegen bestimmten Denkfehlern. Diese können uns in rationalen Entscheidungen behindern.

Die eigene Lebensgeschichte verändern

Die wichtigste Technik, um mit Ihrem Saboteur gut zusammenarbeiten zu können, ist die, die eigene Geschichte über Ihr Leben, seinen Zweck und Ihre Rolle darin zu verändern. Solange der Saboteur an einer Geschichte festhält, die längst nicht mehr zu Ihnen passt und für Ihre weitere Entwicklung sogar hinderlich ist, werden Sie immer wieder in Kämpfe mit ihm geraten.

Es ist durchaus möglich, die eigenen Geschichten im Kopf umzuschreiben, wenn man weiß, wie man es anstellen muss. Viele benutzen aber die falsche Methode und scheitern regelmäßig. Sie versuchen, die Geschichten durch Gedanken oder durch Handeln zu verändern. Was mit Denkfehlern funktioniert, klappt jedoch mit Geschichten nicht so gut. Denn diese bestehen in erster Linie aus Bildern. Und Bilder kann man viel wirksamer durch Bilder ersetzen.

Erinnern Sie sich noch daran, welche Märchenrolle Sie sich im vorigen Kapitel zugeteilt hatten (z. B. Prinzessin, tapferes Schneiderlein usw.)? Diese Rollenzuordnung beruht auf bestimmten Ereignissen, die Sie als Kind erlebt haben. Da diese Ereignisse prägend für Sie waren, sind sie in Ihren Erinnerungen abgespeichert. Wenn Sie Ihre Rollenzuteilung und somit auch Ihre Lebensgeschichte verändern möchten, müssen Sie die entsprechenden Bilder finden und abändern.

Lehnen Sie sich daher entspannt zurück und lassen Sie vor Ihrem Auge Bilder aus Ihrem Leben entstehen. Gehen Sie gezielt auf die Suche nach emotional bewegenden Bildern. Was sind Ihre schönsten und Ihre schrecklichsten Erinnerungen? Wie in einem Film lassen Sie diese vor sich ablaufen und achten auf alle Details. Fangen Sie so viele Bilder wie möglich ein und schreiben Sie sie auf. Welches Gefühl haben Sie beim Betrachten der Bilder?

Wenn Sie Ihre ganz private Sammlung der Kurzfilme über Ihr Leben hergestellt haben, so entscheiden Sie sich im nächsten Schritt dafür, welche Filme Sie verändern sollten. Ausschlaggebend ist dabei nicht, ob die inneren Filme ein gutes oder schlechtes Gefühl hervorrufen, sondern ob die Filme Ihr ganz eigenes Märchen widerlegen oder bestärken. Alle Filme, die das Märchen, das Sie ja loswerden wollen, bestärken, müssen verändert werden. Wählen Sie daher die Filme aus, die am meisten die erlernte Lebensbotschaft (z. B. du musst immer alle retten / du machst nie etwas richtig) übermitteln.

Ihre Bilder können Sie nicht einfach so vergessen oder ignorieren. Je intensiver sie sind, desto mehr haben sie sich eingegraben. Aber sie können verändert werden, indem Sie das Drehbuch umschreiben. Stellen Sie sich vor, Sie sind Produzent und Regisseur eines Films und mit dem Gezeigten überhaupt nicht zufrieden. Dann ist es naheliegend, die Szene einfach neu zu drehen. Und genau das ist es, was Sie auch mit Ihrem Lebensfilm tun können. Sie selbst und nur Sie alleine entscheiden darüber, welche Filme in Ihrem Kopf produziert werden und wer darin mitspielen darf. Sie prüfen, ob der gezeigte Film Ihren Geschmack trifft und Ihre Zustimmung erhält. Wenn dies nicht der Fall ist, dann entscheiden Sie darüber, wie der Film stattdessen ablaufen soll. Die nachfolgende Übung ist sehr wirksam, aber auch nicht einfach. Halten Sie sich daher einen Zeitraum von mindestens zwei Stunden für diese Übung frei.

Regisseur in meinem Kopf

Die Technik, die ich Ihnen nun zeige, ist eine abgewandelte Technik aus einer speziellen Traumatherapie. Die *IRRT (Imagery Rescripting and Reprocessing Therapy)* zielt darauf ab, schreckliche Erinnerungen, z. B. von Gewalterlebnissen oder schweren Unfällen, zu neutralisieren. Als ich die Technik erlernte, war ich verblüfft, wie gut sie funktioniert und dass es manchmal nur wenige Stunden braucht, bis Albträume und quälende Erinnerungen nicht mehr belasten. Das Prinzip ist sehr einfach: Die Erinnerung Schritt für Schritt durchleben und dann in einem zweiten Durchgang den inneren Film an der schlimmsten Stelle anhalten und ihm ein neues Ende geben. Ein Ende, in dem die hilflose Person gerettet und der Täter entmachtet und unschädlich gemacht wird. Die Erinnerung bleibt zwar weiterhin bestehen, aber das damit verbundene Gefühl von Ohnmacht und Hilflosigkeit kann mit dieser Technik tatsächlich verändert werden. Die IRRT ist für Opfer von Traumatisierungen entwickelt worden und sollte auch nur von erfahrenen Therapeuten angewandt werden. Falls sich in Ihrer Lebensgeschichte schlimme Ereignisse finden, so wenden Sie sich damit bitte an einen Therapeuten und versuchen Sie nicht selbst, sie zu bearbeiten.

In einer abgewandelten Form, der von mir entwickelten *Regietechnik,* kann dieses Vorgehen auch für Sie hilfreich sein. Schaffen Sie sich eine Atmosphäre von Ruhe, beseitigen Sie mögliche Störfaktoren (z. B. Telefon, Zeitdruck usw.) und machen Sie es sich bequem. Wählen Sie für den Anfang eine Erinnerung, die nicht allzu belastend ist. Schließen Sie die Augen und lassen Sie die Erinnerung in allen Details vor

sich ablaufen. Bleiben Sie dabei wie ein Regisseur in der Beobachterrolle, d. h. Sie sehen das kleine Kind vor sich, wie es in Tränen ausbricht, weil es versehentlich Geschirr zerschlagen hat und nun geschimpft wird, aber Sie sind nicht das kleine Kind, sondern der Regisseur, der die Szene beurteilt. Wenn Sie die Erinnerung einmal komplett durchlaufen haben, halten Sie erst einmal inne und beantworten für sich folgende Fragen:
► Was war die Botschaft, die das Kind erlernen musste?
► Wodurch hat sich die Botschaft eingeprägt?
► Wie müsste die Geschichte ablaufen, damit das Kind eine hilfreichere Lektion erlernen kann?
► Welches ist die Schlüsselszene, die geändert werden müsste?

Nun sind Sie als Regisseur gefragt: Wie könnte man den Film ab der Schlüsselszene besser zu Ende bringen? Wichtig ist dabei eines: Die bereits jetzt schon mitspielenden Protagonisten ändern sich nicht einfach so, sondern sie werden so handeln, wie sie bislang immer gehandelt haben. Wenn Sie sich vorstellen, dass der Vater, der in der ersten Szene das Kind mit massiven Schimpfwörtern bedacht und bloßgestellt hat, nun in der neu gedrehten Szene dieses Kind in den Arm nimmt und tröstet, wird das nicht glaubhaft sein. Und nur glaubhafte Bilder werden angenommen. Nicht glaubhafte Bilder wirken nicht. Als Regisseur müssen Sie daher zu anderen Tricks greifen. Sie können eine bisher noch nicht aufgetretene Person in die Szene hineinbringen, die den Vater zurechtweist und das Kind tröstet. Dies kann die freundliche Nachbarin sein, die plötzlich vor der Tür steht, Ihre Lieblingstante oder eine weitere Person, die Sie als unterstützend empfinden. Am besten funktioniert das Umschreiben des Films, wenn Sie selbst als nunmehr erwachsene Person (= das aktuelle Ich) die Szene betreten. Stellen Sie sich nun vor, wie Sie oder die Hilfsperson agieren können, damit das Kind in der Szene eine andere Botschaft erlernen kann. Sie könnten zum Beispiel als Erwachsene den Vater zurechtweisen und anschließend das Kind trösten und ihm mitteilen, dass es nicht schlimm ist, Fehler zu machen.

Wenn Sie das neue Drehbuch verinnerlicht haben, machen Sie es sich noch einmal bequem und lassen den Film vor Ihren Augen erneut ablaufen. Achten Sie darauf, wie nun die in der Szene sonst noch beteiligten Personen, insbesondere das Kind, reagieren. Lassen Sie den Film erst dann zu Ende kommen, wenn das Kind eine neue Botschaft lernen konnte. Am besten funktioniert das, wenn die Hilfsperson das Kind tröstet und ihm die Botschaft, dass es okay so ist, wie es ist, glaubhaft vermittelt. Erst wenn Sie spüren, dass diese Botschaft angekommen ist, blenden Sie langsam aus.

Innere Filme zu verändern ist zwar anspruchsvoll und braucht Übung. Da diese Methode aber eine große Bedeutung im Umgang mit dem Saboteur hat, sollten Sie sich nicht entmutigen lassen und es immer wieder versuchen. Zur besseren Unterstützung habe ich dazu einen zwölfteiligen Kurs (»Regisseur im Kopf«) entwickelt, den Sie als Leser dieses Buchs kostenlos nutzen können. Sie finden ihn unter dem Link: http://coaching-azur.de/regisseur.

Wie oben schon erwähnt: Bei traumatischen Bildern rate ich davon ab, sie alleine verändern zu wollen, sondern empfehle hier nachdrücklich, dies nur mithilfe eines Psychotherapeuten zu tun. Doch selbst die nicht traumatischen Bilder benötigen mehrere Wiederholungen – ein lohnendes Unterfangen, denn Sie werden merken, dass Ihr Saboteur sich hauptsächlich auf diese Bilder stützt, wenn er seine Lebensgeschichte aufrechterhalten will. Wenn Sie die Erinnerungsbilder verändern, werden Sie nach und nach auch die Reaktionen des Saboteurs ändern.

TIPP:
Zu Beginn sollten Sie versuchen, eine nicht belastende Situation umzuschreiben. Lassen Sie sich nicht entmutigen, wenn es nicht gleich auf Anhieb klappt, sondern versuchen Sie es noch einmal.

FRAGEN ZUR SELBSTREFLEXION
- Was sind die wichtigsten Argumente auf meiner Pro-Kontra-Liste, die gegen ein Projekt sprechen? Lassen sich diese entkräften oder ist es besser, das Projekt fallen zu lassen? Was spricht für das Projekt? Warum will ich das Projekt gerne durchziehen und was erhoffe ich mir davon?
- Auf welche Denkfehler falle ich häufig herein? Woran könnte ich diese Denkfehler frühzeitiger erkennen?
- Welche Bilder müsste ich verändern? Welche Hilfspersonen könnten dabei nützlich sein? Wie unterscheidet sich mein erwachsenes Ich von dem damaligen Kind? Wie könnte ich mit meinen jetzigen Fähigkeiten und meinem aktuellen Wissen dem Kind in mir helfen?

ÜBUNGEN

1. Achten Sie täglich auf Ihre Denkfehler und sammeln Sie diese in einem Notizbuch, um sich dafür zu sensibilisieren.
2. Überlegen Sie sich, wie eine Ihnen wohlwollende Person die Situation beurteilen würde.
3. Üben Sie regelmäßig, Ihre inneren Filme umzuschreiben, so dass das damalige Kind eine andere Lektion lernen kann.

AUF DEN PUNKT GEBRACHT

Ihr Saboteur kann zu einem starken Berater werden, wenn Sie gelernt haben, seine Vorschläge kritisch zu überprüfen und Denkfehler rechtzeitig zu erkennen. In der Zusammenarbeit mit dem Saboteur ist es darüber hinaus ungemein wichtig, die eigene Lebensgeschichte zu verändern und anzupassen. Ansonsten werden Sie immer wieder mit ihm in Konflikt geraten. Das Umschreiben innerer Bilder erfordert viel Übung, ist aber enorm wichtig, wenn Sie Ihren Saboteur in den Griff bekommen wollen. Unterstützung finden Sie dazu auch im Rahmen meines Kurses »Regisseur im Kopf«.

TEIL V

EINE NEUE, BESSERE WELT

KAPITEL 13:
KOLLABORATION

★ ★ ★

Die Verhandlungen zwischen der kognitiven Regierung und dem Saboteur waren schwierig und zäh gewesen. Immer wieder mussten sie unterbrochen oder vertagt werden und sehr oft sah es so aus, als würden die Gespräche nun endgültig scheitern. Aber zuletzt konnte doch eine Einigung erzielt werden. Der Obermufti war bereit, den Saboteur in seinen Bedenken ernst zu nehmen, wenn dieser aufhörte, im Untergrund zu agieren.

Gänzlich reibungslos verlief das Zusammenleben zwischen den beiden jedoch noch nicht. Eines Abends saß der Obermufti auf seiner Gartenbank und wartete in der Dämmerung auf den Saboteur, der sich angekündigt hatte, um »ein Hühnchen mit ihm zu rupfen«. Mit grimmiger Laune, die das genaue Gegenteil der friedlichen Abendstimmung darstellte, ließ sich der Gast schließlich neben ihm auf die Bank plumpsen.

»Wie kamst du denn auf die Schnapsidee, unserem Menschen diese Allüren durchgehen zu lassen?«, fragte er vorwurfsvoll, ohne den Gruß des Obermuftis zu erwidern. »Du hättest verhindern müssen, dass er das Exposé an diesen Verlag schickt.« – »Warum hätte ich das verhindern sollen? Um genau zu sein, finde ich es eine großartige Idee, ein Buch zu schreiben.« – Der Saboteur knirschte mit den Zähnen. »Hast du jemals über deine Nasenspitze hinausgedacht? Er überschätzt sich total. Mit dem Buch wird er sich zum Gespött seiner Kollegen machen und den Respekt seiner Kunden verlieren. Er wird sich damit schaden!« – »Nun mach mal halblang«, beruhigte ihn der Obermufti. »Du katastrophisierst mal wieder. Wie wahrscheinlich ist es denn, dass das passiert? Der weitaus wahrscheinlichere Worst Case ist doch eher der, dass das Buch nicht von vielen gelesen wird.« – »Das ist genauso schlimm!«, grummelte der Saboteur. »Sein Selbstwert wird darunter leiden!« – »Nicht, wenn wir beide das verhindern. Ich habe mal das Für und Wider gegeneinander abgewogen und bin zu dem Schluss gekommen, dass der Schaden bei einem Misserfolg recht gering ist. Der Nutzen, wenn das Buch ein Erfolg wird, ist deutlich größer.« Der Obermufti lehnte sich zufrieden zurück und strahlte den Saboteur an, der jedoch nicht beruhigt wirkte.

»Aber hast du mal daran gedacht, was passiert, wenn er mit dem Buch tatsächlich bekannt werden sollte? Das ist fast noch schlimmer, als wenn es keine Beachtung findet. Er würde die Aufmerksamkeit und vermutlich den Neid von anderen auf sich ziehen.« Schwer atmend starrte der Saboteur den Obermufti an. – Dieser entgegnete ruhig: »Meines Wissens hat unser Mensch noch nie so massiv Neid auf sich gezogen, dass ihm dadurch ein Schaden entstanden wäre. Er hat es immer nur befürchtet und sich entsprechend bemüht, möglichst nett zu allen zu sein. Wir hatten uns doch geeinigt, dass er sich nicht mehr von falschen Überzeugungen lenken lassen sollte. Lass ihn diese neuen Erfahrungen machen. Egal was passiert, er entwickelt sich weiter und lernt daraus.«

»Na gut«, stimmte der Saboteur noch etwas zögernd zu, »ich werde dieses Vorhaben nicht sabotieren. Aber eines musst du mir garantieren: Wenn unser Mensch tatsächlich mit dem Buch Erfolg haben sollte, dann sorge auf jeden Fall dafür, dass er nicht in einem Anfall von Größenwahn seinen ursprünglichen Beruf aufgibt!« – »Warum nicht?«, fragte der Obermufti erstaunt. – »Weil ich sicher bin, dass ihn dies nicht glücklich machen wird. Ich kenne ja seine tiefsten Bedürfnisse und weiß, dass er den direkten Kontakt mit Menschen braucht. Hätte er den nicht mehr, würde er immer unzufriedener mit sich und seinem Leben werden, weil er an seiner eigentlichen Begabung vorbeileben würde.«

Der Obermufti dachte lange mit gerunzelter Stirn nach. Dann hellte sich seine Miene auf. »Das klingt plausibel, und ich kann deine Argumente nachvollziehen. Einverstanden. Du sabotierst das Buchprojekt nicht, und falls es wirklich erfolgreich wird, sorge ich dafür, dass er seine Arbeit, die ihn glücklich und zufrieden macht, nicht verlässt. Okay?« – »Okay, du Schlaumeier«, lächelte der Saboteur. »Auch wenn du immer recht haben willst.« – »Denkfehler!«, parierte der Obermufti mit breitem Grinsen. – »Wieso Denkfehler?« – »Du hast ›immer‹ gesagt. Das ist eine unzulässige Verallgemeinerung und deutet auf Schwarz-Weiß-Denken hin.« – Als Antwort erhielt er einen Knuff mit dem Ellbogen, aber gleichzeitig lachte der Saboteur auch. »Dann ist es halt ein Denkfehler, aber du bist trotzdem ein Schlaumeier.« – »Weißt du«, sagte der Obermufti nach kurzem Überlegen, »ich glaube, irgendwann könnte es tatsächlich geschehen, dass wir beide so was Ähnliches wie Freunde werden.« – »Gott bewahre«, stöhnte der Saboteur. – »Gott bewahre«, echote der Obermufti. Und beide betrachteten schweigend den Sonnenuntergang.

Zu schön, um wahr zu sein? Und doch kann eine Zusammenarbeit mit Ihrem Saboteur genau so ablaufen, wenn Sie gelernt haben, mit diesem destruktiven Anteil in Ihnen gut umzugehen. Wie Sie ja auch schon in den vorangegangenen

Kapiteln lesen konnten, bringt es nicht viel, den Saboteur mit Disziplin und einem starken Willen besiegen zu wollen. Dies kann eine Zeit lang funktionieren, aber irgendwann wird der Saboteur wieder zuschlagen, und Sie stellen vielleicht fest, dass Sie sich zwar sehr angestrengt haben, aber Ihrem Ziel nicht viel näher gekommen sind. Die Kooperation mit ihm ist daher der einzige Weg, den ich kenne, um mit Selbstsabotage umzugehen und von Ihrem Saboteur zu profitieren. Um eine solche Kooperation zu erreichen, müssen Sie ihn erst einmal davon überzeugen, dass Ihr Projekt nicht schädlich für Identität und Selbstwert ist. Sie brauchen dafür überzeugende Argumente und die Fähigkeit, die Argumentation Ihres Saboteurs zu entkräften.

Ein gemeinsames Ziel

Es ist ein beliebtes Thema von Spielfilmen: Zwei sehr unterschiedliche und sich nicht wohlgesinnte Parteien schließen sich zusammen, um gegen einen gemeinsamen Feind vorzugehen. Nach längerem (für den Zuschauer oft unterhaltsamen) Hin und Her finden die so verschiedenen Akteure einen Konsens und werden zuletzt ein gutes Team, das erfolgreich agiert.

Was in Filmen funktioniert, kann auch bei Ihnen klappen. Machen Sie den Saboteur zu Ihrem Verbündeten und finden Sie ein gemeinsames Ziel – es muss nicht immer ein gemeinsamer Feind sein. Der Saboteur kann nämlich ein starker Partner sein, wenn Sie ihn erst einmal von Ihrem Vorhaben und dem Nutzen Ihres Projekts überzeugen konnten. Denn er möchte genau wie Sie, dass es Ihnen gut geht, und schießt nur dann quer, wenn er Ihr Projekt als nicht sinnvoll oder gar als schädlich für Sie einstuft.

Suchen Sie das gemeinsame Ziel. Überlegen Sie sich, welches Anliegen Sie beide haben. Ein guter Ansatz sind die Fragen aus Kapitel 11: »Worum geht es mir bei Projekt X eigentlich? Welches dahinterliegende Problem möchte ich damit lösen?« Wenn Sie diese Fragen beantwortet haben, können Sie auch die gemeinsamen Ziele erkennen.

Wenn Sie bei bestimmten Projekten nicht vorankommen, erstellen Sie eine Pro-Kontra-Liste, um zu überprüfen, ob dieses Projekt wirklich lohnend für Sie ist oder ob es sich eher nachteilig für Sie auswirken könnte. Manchmal hilft es auch, ein Best-Case- und ein Worst-Case-Szenario zu entwickeln und realistisch einzuschätzen, wie wahrscheinlich es ist, dass der Katastrophenfall eintritt, und mit welcher Wahrscheinlichkeit das Projekt einen besseren Ausgang nimmt als vermutet.

Denken Sie auch daran, dass der Saboteur von mittlerweile veralteten Grundannahmen ausgeht. Er lebt oft noch in einer kindlichen Welt, in der längst schon überholte Regeln existieren und manche Dinge eine geradezu mystische Bedeutung haben. Indem der Saboteur dies alles nicht hinterfragt, hält er an Kleinigkeiten fest, die nicht im Entferntesten die Wichtigkeit haben, die er ihnen beimisst. Für Ihre Verhandlungen brauchen Sie daher zum einen Verständnis für das Agieren und die Sichtweise des Saboteurs, zum anderen aber auch klare Gegenargumente, um den Saboteur davon zu überzeugen, dass seine Einstellung nicht mehr gültig ist. Als Vorbereitung für die Verhandlungen sollten Sie sich also bewusst machen, welche Denkfehler Ihr Saboteur am häufigsten begeht und wie Sie diese entkräften können. Oft reicht es aus, auf die Denkfehler hinzuweisen, aber manchmal müssen Sie auch begründen, warum Sie anderer Meinung sind.

Seien Sie sich zudem bewusst, dass der Saboteur vor allem zwei wichtige Schätze zu bewahren sucht: den Selbstwert und die Identität. Durch gezielte Veränderung von prägenden Erinnerungen haben Sie sich in Kapitel 12 darin geübt, die kindliche Lebenssicht und die Ihnen zugeschriebene Rolle zu verändern, um nicht mehr nur die Pechmarie oder der tragische Held zu sein. Und doch reicht es nicht aus, einfach das bisherige Selbstbild infrage zu stellen. Sie brauchen vor allem eins: eine neue Identität. Welche Rolle wollen Sie statt dem tragischen Helden spielen? Wer sind Sie statt der frustrierten Pechmarie? Entwickeln Sie eine Alternative und erklären Sie, wer Sie sind und was Ihre Rolle in dieser Welt ist. Nur wenn Sie dem Saboteur eine schlüssige neue Identität anbieten und diese durch entsprechend geänderte Lebensgeschichten untermauern, werden Sie ihn von Ihren Projekten überzeugen können.

Je besser Sie sich auf die Verhandlung mit Ihrem Saboteur vorbereiten, je klarer Sie ein gemeinsames Ziel anbieten und auf die möglichen Argumente des Saboteurs vorbereitet sind, je einfühlsamer und verständnisvoller Sie sich in die Sichtweise Ihres zerstörerischen Wüterichs einfühlen können, desto erfolgreicher können Sie die Verhandlung führen und eine gemeinsame Basis entwickeln. Aber seien Sie nicht frustriert, wenn das erste Gespräch nicht so verläuft, wie Sie sich das erhofft hatten. Sie können immer wieder nachverhandeln und durch jeden Kontakt mit dem Saboteur neue Erfahrungen sammeln und Ihr Verhandlungsgeschick verbessern.

MERKE:

Um den Saboteur für Ihr Projekt zu gewinnen, müssen Sie ihn davon überzeugen, dass Sie ein gemeinsames Ziel haben. Machen Sie sich immer wieder bewusst, dass es auch dem Saboteur nur um Ihr Bestes geht.

Verhandlungen

Auch die Verhandlungen laufen wieder mit der Leere-Stuhl-Technik ab. Stellen Sie zwei Stühle einander gegenüber, in der Mitte steht ein Tisch mit Schreibpapier und Stift. Sie brauchen dafür etwa ein bis zwei Stunden.

Setzen Sie sich auf einen der beiden Stühle und lassen Sie vor Ihrem inneren Auge das Bild Ihres Saboteurs entstehen. Die Imaginationsübung aus Kapitel 10 kann Ihnen dabei helfen, wenn Sie nicht sowieso schon aus dem Stand das Bild heraufbeschwören können. In welcher Stimmung befindet sich Ihr Saboteur heute? Ist er gut gelaunt, begegnet er Ihrem Blick offen oder fühlt er sich unbehaglich, strahlt Aggressivität aus, weicht Ihrem Blick aus? Sobald Sie ein Bild Ihres Saboteurs vor Augen haben, dürfen Sie die Verhandlung eröffnen.

Runde 1: Machen Sie als Erstes Ihrem Saboteur klar, dass

Sie verstanden haben, dass er Ihnen nicht schaden will und dass Ihr gemeinsames Ziel Ihr Wohlergehen ist. Erklären Sie dem Saboteur, inwiefern das Projekt, das Sie in Angriff nehmen wollen, Ihrer Meinung nach dazu führen wird, dass es Ihnen besser geht und Sie glücklicher und erfolgreicher sind. Wenn Sie vorher eine Pro-Kontra-Liste erstellt haben, dürfen Sie auch darauf Bezug nehmen. Halten Sie dies alles schriftlich oder mit einem Diktiergerät fest.

Nehmen Sie anschließend auf dem Stuhl Ihres Saboteurs Platz und fühlen Sie sich in ihn ein. Wie stehen Sie als Saboteur zu diesem Vorhaben? Welche Bedenken haben Sie, wenn Sie von dem Projekt hören? Welche Hindernisse sehen Sie? Warum würden Sie das Vorhaben gerne scheitern lassen? Haben Sie das Gefühl, dass dieses Projekt eher schaden als nutzen könnte? Schreiben Sie alle Ihre Bedenken auf.

Runde 2: Nehmen Sie wieder auf dem ersten Stuhl Platz und lesen Sie sich die Einwände Ihres Saboteurs genau durch. Wie argumentiert er? Sind seine Bedenken berechtigt oder entspringen sie dem erlernten Wissen über die eigene Unfähigkeit und die einzuhaltenden unsinnigen Regeln? Überlegen Sie sich gut, wie genau Sie mit den Einwänden des Saboteurs umgehen möchten. Welche Denkfehler müssen Sie eventuell korrigieren? Welche falschen Grundannahmen gilt es zu ersetzen? Wo hat der Saboteur tatsächlich auch recht? Gibt es Einwände, die ernst genommen werden müssen? Müssen Sie Ihr Projekt doch noch einmal überdenken und aus einer anderen Perspektive heraus neu beurteilen oder sind die Argumente des Saboteurs nur vor dem Hintergrund von erlernten Begrenzungen zu sehen? Schreiben Sie Ihre Entgegnungen auf und wechseln Sie anschließend wieder die Seite. Dort, wo Sie veraltete Grundannahmen vermuten, weisen Sie darauf hin, dass es auch eine alternative Lebensgeschichte gibt, und erinnern Sie an diese.

In der Position des Saboteurs reagieren Sie nun spontan auf die schriftlichen Gegenargumente. Welche überzeugen Sie sofort, welche können und wollen Sie nicht hören? Was erweckt in Ihnen Widerspruch und warum? Alles, vor allem aber das, was Sie ärgerlich oder trotzig macht, schreiben Sie wieder auf.

Die *Runde 3 und mögliche weitere Runden* laufen ähnlich ab wie die vorherige Runde: Nehmen Sie in der ursprünglichen Position die Einsprüche des Saboteurs auf und gehen Sie auf diese ein. Anschließend prüfen Sie auf dem Platz des Saboteurs, wie Sie darauf reagieren. Erst, wenn es einen Konsens gibt, gehen Sie über in die letzte Runde.

Letzte Runde: Wenn Sie eine Übereinkunft gefunden haben, legen Sie fest, was das gemeinsame Ziel sein könnte. Schreiben Sie zunächst auf, welche Zugeständnisse Sie an den Saboteur machen möchten und wo Sie ihm entgegenkommen können, aber auch, in welchen Punkten Sie an Ihrem ursprünglichen Plan festhalten wollen. Schreiben Sie anschließend auf, welches Entgegenkommen Sie sich als Ausgleich von Ihrem Saboteur wünschen und welche Unterstützung Sie von ihm brauchen.

In der Rolle des Saboteurs überlegen Sie sich nun ebenfalls, zu welchen Zugeständnissen Sie bereit sind. In welchen Bereichen möchten Sie das Projekt unterstützen, in welchen Bereichen nicht? Welches Entgegenkommen wünschen Sie sich als Saboteur dafür von Ihrem Verhandlungspartner?

Welche Projekte wollen und werden Sie weiterhin noch sabotieren und warum? Bei welchen Projekten sichern Sie zu, dass Sie sie nicht verhindern werden? Notieren Sie diese Zugeständnisse und schreiben Sie anschließend auf, was der Saboteur sich im Gegenzug wünscht und was er benötigt.

Anschließend halten Sie alles in einem *Unterstützungsvertrag* fest. Aus ihm soll klar hervorgehen, welche Art von Unterstützung beide Seiten erwarten dürfen, für welche Themen sie gemeinsam kämpfen und an welchen Punkten es immer noch fehlende Übereinstimmung gibt.

Nun sind die Vertragsverhandlungen beendet, und wenn alles gutgeht, haben Sie einen mächtigen Verbündeten gewonnen. Aber freuen Sie sich nicht zu früh. Sehr oft kommt es vor, dass der Vertrag von einem der beiden Partner nicht eingehalten wird. Dann ist es wichtig, sich die Bedingungen noch einmal bewusst zu machen – mit dem festen Vorsatz, sie nun nicht mehr zu unterlaufen. Ihr Saboteur ist nämlich ein ziemlich kleinlicher Pfennigfuchser und spielt nur mit, wenn Sie sich sehr präzise an die Vereinbarungen halten. Bereits beim kleinsten Vertragsbruch wird er wieder gegen Sie agieren.

TIPP:
Verhandeln Sie immer so lange, bis Sie einen Konsens erzielt haben. Falls dies nicht möglich ist, vertagen Sie die Verhandlung und führen Sie sie zu einem späteren Zeitpunkt fort. Halten Sie die Ergebnisse immer schriftlich in einem Vertrag fest.

Im Zweifelsfall sind Nachverhandlungen notwendig, die im Prinzip genau so ablaufen wie oben beschrieben.

UNTERSTÜTZUNGSVERTRAG

zwischen _____ und Saboteur

Hiermit wird Folgendes beschlossen:
Der Saboteur sagt zu, dass er das Projekt

_____

von nun an nicht mehr sabotieren wird.
Im Gegenzug dafür stellt er folgende Forderungen:

▸ _____
▸ _____
▸ _____
▸ _____
▸ _____
▸ _____

Beide Verhandlungsparteien erklären, dass sie sich an die oben vereinbarten Bedingungen halten werden.

FRAGEN ZUR SELBSTREFLEXION

- Welche Argumente erwarte ich in den Verhandlungen? Wie will ich mit diesen Argumenten umgehen?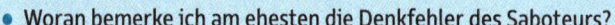
- Von welcher inneren Geschichte kann sich mein Saboteur am wenigsten lösen? Welche Alternativgeschichte könnte ich ihm stattdessen anbieten?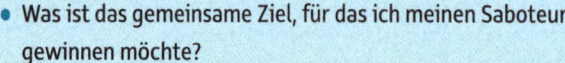
- Woran bemerke ich am ehesten die Denkfehler des Saboteurs?
- Was ist das gemeinsame Ziel, für das ich meinen Saboteur gewinnen möchte?

ÜBUNGEN

1. Bereiten Sie sich gut auf Ihre Verhandlung vor und sammeln Sie die wichtigsten Argumente.
2. Suchen Sie in der nächsten Woche immer wieder das Gespräch mit Ihrem Saboteur und erarbeiten Sie mit ihm einen Vertrag.
3. Achten Sie darauf, die Vereinbarungen anschließend einzuhalten.

AUF DEN PUNKT GEBRACHT

Die Verhandlungen sind das Kernstück im Umgang mit Ihrem Saboteur. Mit einer guten Vorbereitung können Sie Ihren destruktiven Anteil besser verstehen und ihn zu einer Zusammenarbeit motivieren. Je mehr Sie die Denkweise und die Denkfehler Ihres Saboteurs nachvollziehen können, desto überzeugender werden Sie in Ihrer Argumentation. Prüfen Sie aber auch die Argumente des Saboteurs gut, denn er weiß über Ihre unterbewussten Bedürfnisse besser Bescheid als Sie.

KAPITEL 14:
LEBEN MIT DEM SABOTEUR

★ ★ ★

Jeder Mensch besteht aus mehreren Persönlichkeitsanteilen, und nicht immer sind sich alle Anteile einig. Doch aktuell war der Obermufti sehr zufrieden mit sich und seinem gesamten inneren Team. Endlich war Harmonie eingekehrt.

Sicher würde der innere Kritiker grundsätzlich über alles meckern, der Angsthase immer etwas finden, vor dem er sich zu Tode fürchten könnte, und auch der Saboteur würde regelmäßig eine Gelegenheit nutzen, um ein Projekt zu behindern. Aber insgesamt war alles so viel besser geworden. Der Saboteur diente ihm nun als Berater und gefiel sich immer mehr in dieser Position. Er musste sich nicht mehr verstecken, wurde nicht mehr gejagt und geächtet und erfuhr von allen Seiten deutlich mehr Respekt, wenn auch noch mit vorsichtiger Zurückhaltung verbunden.

Auch der Obermufti selbst hatte von dem Konsens, den sie gefunden hatten, deutlich profitiert. War er früher in Erwartung des nächsten Angriffs schreckhaft und unsicher gewesen, so fühlte er nun ein gesundes Selbstvertrauen und eine große Zufriedenheit mit sich und seiner Arbeit. Manchmal konnte ihn dieser Sturkopf von Saboteur zwar in den Wahnsinn treiben mit seiner verqueren Sichtweise, aber in erstaunlich vielen Angelegenheiten hatte er doch recht behalten. Gemeinsam hatten sie das Leben ihres Menschen deutlich verbessert.

Entspannt lehnte sich der Obermufti in seinem Sessel zurück. Es würden wieder stürmischere Tage auf sie zukommen, dies war gewiss. Doch bis dahin würde hoffentlich noch viel Zeit vergehen.

Leider ist auch nach einer erfolgreichen Verhandlung und nach Abschluss eines Kollaborationsvertrags nicht alles in Butter. In der Regel hält eine einzige klärende Aussprache nicht dauerhaft an, und immer wieder sind alltägliche Auseinandersetzungen und Grenzziehungen nötig. Ich habe mich daher entschieden, das letzte Kapitel dem Alltagsleben mit dem Saboteur zu widmen. Es stellt eine kurze Zusammenfassung des Buches und gleichzeitig eine Gebrauchsanweisung im Umgang mit dem destruktiven Teil in Ihnen dar.

Schritt für Schritt aus der Theorie in die Praxis

Schritt 1: Den Saboteur aufspüren

Überlegen Sie sich zunächst, wie es überhaupt dazu kommen konnte, dass ein Projekt gescheitert ist, und welchen Eigenanteil Sie dabei haben. Die Kapitel 7 und 8 helfen Ihnen dabei herauszufinden, ob sich überhaupt ein Saboteur an Bord des Projekts befindet. Wenn Sie Spuren von ihm entdeckt haben, können Sie ihn mithilfe des Kapitels 10 sichtbar machen und zur Rede stellen.

Schritt 2: Die Motivation des Saboteurs kennenlernen

Wenn Sie Ihren Saboteur zu einer Zusammenarbeit bewegen möchten, müssen Sie zunächst die Gründe für seine Zerstörungslust kennen. Nur so können Sie seine Argumentation entkräften. Durch die Übungen in Kapitel 9 erfahren Sie mehr über seine Werte und Motive. Kapitel 11 zeigt Ihnen, warum es dem Saboteur so wichtig ist, Sie zu behindern, und auf welchen Grundlagen sich seine Argumentation aufbaut.

Schritt 3: Den Saboteur überzeugen

Ihr Saboteur kann sehr beeindruckend argumentieren, aber er hält sich dabei nicht immer an überprüfbare Fakten. Wenn Sie die Beweisführung des Saboteurs entkräften wollen, lohnt es sich, nochmal das Kapitel 12 zu lesen und Denkfehler aufzuspüren. Erst wenn Sie merken, dass Schlussfolgerungen willkürlich gezogen wurden, können Sie die Beweisführung des Saboteurs als unlogisch erkennen. Überzeugen können Sie den Saboteur vor allem durch Fakten und das Aufzeigen eines Nutzens. Mit einer Pro-Kontra-Liste können Sie sich Vor- und Nachteile eines Projekts bewusst machen. Wie Sie diese Liste erstellen, finden Sie ebenfalls in Kapitel 12.

Schritt 4: Eine Alternative anbieten

Der Saboteur wird so lange an seinen alten Glaubenssätzen festhalten und danach handeln, solange er keine andere Erklärung für die eigene Existenz und seine Rolle in der Welt hat. Bieten Sie ihm daher alternative Erklärungsmodelle an und schreiben Sie Ihre Lebensgeschichte neu. Wie Sie als Regisseur einen neuen und besseren Lebensfilm drehen, zeigt Ihnen Kapitel 12. Wichtig ist dabei auch, dass Sie sich selbst an die neue Geschichte halten und nach dieser handeln. Solange Sie getreu ihren alten Glaubenssätzen agieren, können Sie den Saboteur nicht von Ihrem neuen Erklärungsmodell überzeugen.

Schritt 5: Mit dem Saboteur verhandeln

In Kapitel 13 können Sie noch einmal nachlesen, wie Sie sich gut auf die Verhandlung vorbereiten und einen Konsens erreichen können. Finden Sie ein gemeinsames Ziel und hören Sie sich die Einwände Ihres Saboteurs an. Handeln Sie anschließend aus, zu welchen Bedingungen eine Zusammenarbeit stattfinden kann, und halten Sie diese Bedingungen immer schriftlich und konkret fest.

Schritt 6: Die festgelegten Vereinbarungen einhalten oder nachverhandeln

Der wahrscheinlichste Grund für eine erneute Sabotage nach der Verhandlung liegt oft darin, dass Sie die festgelegten Vereinbarungen nicht ganz eingehalten haben. Nehmen Sie daher immer wieder Ihren Unterstützungsvertrag zur Hand und überprüfen Sie, ob die Bedingungen des Saboteurs erfüllt worden sind.

Manchmal ergeben sich neue Aspekte oder Situationen, die dazu führen, dass Sie erneut sabotiert werden. In diesem

Fall sind Nachverhandlungen nötig. Auf diese bereiten Sie sich genauso vor wie auf die erste Verhandlung. Die Details dazu finden Sie in Kapitel 13.

Sie haben nun alles, was Sie brauchen

Nun sind wir fast am Ende des Buches angelangt. Sie wissen nun, woran Sie Sabotageakte erkennen können, haben verstanden, warum und wie Sie sabotiert werden, und Sie haben Ihren Saboteur persönlich kennengelernt. Sie werden nun die Motive und die Denkweise Ihres zerstörerischen Rebellen immer besser verstehen und für Verhandlungen mit ihm nutzen können. Die Informationen, die Sie von ihm erhalten, werden Ihnen für Ihre Lebensplanung gute Dienste leisten. So können Sie vermeiden, ein für Sie falsches Leben zu leben.

Viel ist es nicht mehr, was ich Ihnen nun noch mitgeben möchte. Zunächst erst einmal herzlichen Glückwunsch, dass Sie sich auf dieses Buch einlassen konnten und es bis zum Ende durchgearbeitet haben. Das ist für mich ein Indiz, dass Ihr Saboteur der Idee einer zukünftigen Zusammenarbeit nicht abgeneigt ist. Ob es auch tatsächlich zu einer Zusammenarbeit kommt, hängt nun ganz von Ihnen ab.

Wenn Sie sich mal wieder selbst ein Bein gestellt haben, dann verurteilen Sie sich nicht, sondern überlegen Sie in Ruhe, warum Ihr Saboteur aktiv wurde. Nun, da Sie wissen, dass es diesen zerstörerischen Teil in Ihnen gibt, können Sie ganz anders damit umgehen. Den eigenen Saboteur zu kennen und mit ihm zu verhandeln kann sehr bereichernd sein, und ich wünsche Ihnen dabei viele Erkenntnisse und vor allem viele Erfolge auf Ihrem weiteren Weg. Wenn mein Buch dazu beiträgt, dass Ihr Leben von nun an einfacher und Ihr Handeln für Sie verständlicher wird, dann freut mich das sehr.

Falls Sie Fragen und Anregungen zu diesem Buch haben, besuchen Sie mich gerne auf meiner Website
▶ www.coaching-azur.de
oder auf meiner Facebook-Seite »der kleine Saboteur in uns«. Ich freue mich über Kommentare und Feedback.

Der kleine Saboteur verabschiedet sich

Werte Leserin, werter Leser,

nun richte ich noch einmal das Wort an Sie. Ich hoffe, Sie konnten viel über mich erfahren und haben gemerkt, dass ich Ihnen doch in Wirklichkeit helfen möchte.

Ich weiß, wir haben uns in der Vergangenheit gegenseitig das Leben schwer gemacht. Doch jetzt wird das anders, ich zeige Ihnen meine Welt, und gemeinsam werden wir viele Dinge möglich machen, für die Sie sich bislang vergeblich abgestrampelt haben. Sie werden sehen, dass Sie manche Projekte ganz anders hätten anpacken können. Mit meiner Unterstützung werden Ihnen viele Zusammenhänge klarer, wenn Sie erst einmal gelernt haben, auf mich zu hören.

Auch wenn Sie manchmal etwas schwer von Begriff zu sein scheinen, so bin ich doch zuversichtlich, dass Ihnen beim Lesen des Buches ganze Kronleuchter aufgegangen sind und Sie mein Potenzial erkannt haben. Gemeinsam können wir darauf hinwirken, dass Ihr und somit unser beider Leben besser wird.

Auf diese Zusammenarbeit freue ich mich schon.

Herzlichst
Ihr Saboteur